Die Meditation
der Rosenkreuzer

Wilhelm Raab
Michael Raab (Hrsg.)

Die Meditation der Rosenkreuzer

Die Deutsche Nationalbibliothek verzeichnet diese Publikation in der Deutschen Nationalbibliografie; detaillierte bibliografische Daten sind im Internet über http://dnb.dnb.de abrufbar.

© *2015 Michael Raab*

Fotografie: **Familienalbum Michael Raab**

Herstellung und Verlag: BoD – Books on Demand

ISBN: 9783734786020

Die Geschichte dieses Buches	6
Ein Beispiel und eine Buchhandlung	7
Exkurs: Was ist Amorc?	15
Buch 2. Auflage 1976	21
Geneigter Leser	22

MEDITATION 27
Was ist Meditation? 27 * Der Mensch ein Doppelwesen 27 Konzentration/Kontemplation 29 * Warum Meditation? 31 Erprobte Meditation 32 * Vorbereitungen 33 * Entspannung 34 Erläuterung zu den Abbildungen 35 * Der e i n e Gedanke 37 Besinnung 37 * Notizen 38 * Vor der Meditation 38 * Raumordnung 39 * Lüftung 40 * Entspannung 41 * Konzentration 41 sinnvoll und rechtschaffen 42 * Reinigung 42 * Vergebung und Toleranz 43 * Opferung 44 * Das Gebet 45 * Das große Schweigen 45 * Meditation 47 * kosmische Lösung 48 * Besinnung 49 * Nach der Besinnung 50

PRAKTISCHE ANWENDUNG 52
Vorbereitung 53 * Entspannung 58 * Reinigung 59 * Die Opferung 61 * Das große Schweigen 62 * Meditation – kosmischer Kontakt 63 * Die Phase der Besinnung 64 * Beendigung des Meditationsvorganges 65 * Notizen und Aufzeichnungen 66

Schlusswort 67

Das zweite Buch 71
Der eine Gedanke 72 * Die Phase der Besinnung 72 * Die erste Vorbereitung 74 * Die zweite Vorbereitung 75 * Raumgestaltung 76 * Die große Stille 76

Die Geschichte dieses Buches
(Von Michael Raab)
Mein Vater Wilhelm Raab (1928 – 2010) war Archivar (1964-1973) und Großmeister (1973 – 1998) des Rosenkreuzer-Ordens AMORC, einer esoterisch-mystischen Vereinigung, die absolut nichts mit Kirchen oder Christentum zu tun hat.
Der Orden ist weltweit tätig, aber nirgendwo fand sich eine Erklärung zur Meditation. Zwar wurde den Mitgliedern, den Studierenden immer geraten: „Meditieren Sie darüber!", aber es gab keine Anleitung, wie denn eine Meditation zu machen sei.

Mein Vater hatte eine bestimmte Form der Meditation außerhalb von Amorc erlernt. Diese Methode hatte er von einem Yoga-Pärchen gelernt, die behaupteten, dass diese Meditation tibetischen Ursprungs sei. Mein Vater glaubt sich zu erinnern, dass diese Meditation in einem Buch als eine alte, rosenkreuzerische Meditation dargestellt wurde. Leider konnte er sich nicht mehr erinnern, welches Buch das gewesen sein sollte.
In den Amorc-Lehrbriefen war immer die Rede von Meditation. In den 60er und 70er Jahren stellte er dann fest, dass die Mitglieder durch die Bank nicht meditieren konnten. Denn in den Lehrbriefen (Monografien) wurde nie erwähnt, wie denn eine Meditation gemacht wird. Er hatte damals bei der Obersten Großloge in San Jose, Kalifornien nachgefragt und bekam die Antwort, dass Amorc voraussetze, dass die Mitglieder schon meditieren könnten und dass deshalb nichts über die Meditation gesagt würde. Eine

solche Aussage kann man nun werten wie man will, aber für meine Ohren klingt das nicht sehr kompetent.
Deswegen begann er, diese spezielle Methode zu lehren. Er hielt 1972 auf Schloss Elmau ein Seminar darüber und er gab 1973 ein kleines Büchlein dazu heraus. Nach seinem Ausscheiden betrachtete man bei Amorc in Deutschland diese Meditation als Amorc-Lehre, obwohl diese Methode in den Lehrbriefen, die bis in die 90er Jahre verwendet wurden, gar nicht erwähnt wird.
Bei dieser Meditation geht es nicht um „höhere" Bewusstseinserfahrungen, sondern darum, eine Frage an das allwissende Universum zu schicken und von dort, vom kosmischen Bewusstsein, eine Antwort zu erhalten

Ein Beispiel und eine Buchhandlung
Folgendes Beispiel für diese Meditation erzählte er des Öfteren:
In seiner Anfangszeit bei Amorc geschah es, dass gegen ihn intrigiert wurde. Er bekam mit, dass etwas gegen ihn im Busch war. Er machte eine Meditation nach diesem Muster mit der Frage, was da im Gange sei. Er erhielt die Botschaft: „Ein Buch kaufen!". Dieser Eindruck machte für ihn eigentlich keinen Sinn. Er ging daraufhin bei nächstbester Gelegenheit in einen Buchladen. Dort schlenderte er zwischen den Regalen hindurch. Er wusste nicht, wonach er Ausschau halten sollte. Da konnte er „zufällig" ein Gespräch mit anhören, das auf der anderen Seite eines Regales geführt wurde. Zwei Leute unterhielten sich über ihn

und sprachen genau über diese Intrige. Dem Gespräch war zu entnehmen, wer wem was gesagt hatte. Die Namen der Intriganten und der Inhalt der Intrige wurden so vor ihm ausgebreitet. So wusste er nun Bescheid und er verließ den Buchladen. Die beiden Leute hatten ihn nicht bemerkt, denn er stand ja hinter einem Bücherregal. Soweit ich weiß hatte er diese Entdeckung für sich behalten. In späteren Seminaren erzählte er von dieser Begebenheit, ohne aber Namen und Inhalt zu nennen.
Dieses Beispiel zeigt sehr schön, wie eine solche Meditation ablaufen kann.
Nebenbei bemerkt: Im Weltbild von Amorc gibt es keinen „Zufall"!

In dem Buch: „Wilhelm Raab, Großmeister der Rosenkreuzer: Eine Biografie", das zum Großteil aus Interviews mit ihm besteht, sagt er zur Herkunft seiner Meditationsmethode folgendes:

„Da war eine Richtung, die behauptete, sie sei aus dem Tibetischen gekommen. Ich habe das nie so ganz geglaubt. Das hatte so einen Touch. Man hat ja Anfang der 50er Jahre gerne so ein bisschen einer Sache einen Touch verliehen, damit sie fremdländisch war.
Aber später hat sich herausgestellt, dass diese Meditation eine alte Rosenkreuzer-Meditation war. Das habe ich aber zu dem Zeitpunkt, als ich sie erlernte, nicht gewusst.
Diese Meditation wurde mir von einer älteren Dame zusammen mit einem Herren vermittelt, die also behaupteten, dass sie tibetische Weisheiten besäßen.

Daher sei auch diese Meditationsart. Da fand dann auch eine Art Initiation statt. Man hatte das aber nicht so genannt. Da gab es dann eine Zeremonie mit Blumen und mit Kerzen und ich wurde in diese Meditation eingeführt"

Über sein Seminar auf Schloss Elmau sagt er:

„Wir hatten auch im Jahre 1972 auf Schloss Elmau, das bei Garmisch Partenkirchen liegt und einen wunderschönen Saal hat, mit Seminaren begonnen. Mein erstes Seminar war ein Meditations-Seminar. Ich habe die Meditation eingeführt, weil ich feststellen musste, dass die Leute gar nicht meditieren konnten. Ich hatte eine bestimmte Meditationstechnik gelernt, bevor ich zu AMORC kam. Ich habe diese hier eingebracht und habe hier die Fratres und Sorores in die Meditationstechnik eingewiesen. Ich hatte damit Erfolg. Ich habe 36 Meditationsseminare gehalten. Die Seminare auf Schloss Elmau wurden immer gut besucht, anfänglich waren es 180 bis 200 Personen, im Laufe der Zeit in den 70er Jahren wurden es 250 bis 280 Personen, und Ende der 80er, Anfang der 90er sind es dann über 300 Teilnehmer gewesen. Das Seminar fing immer an am Donnerstag früh, an Christi Himmelfahrt, und endete am Sonntagmittag. Dieses Seminar mit den über 250 habe ich über 10 Jahre lang ganz alleine geleitet, habe die Musik dazu arrangiert, d.h. also auf Tonbänder aufgenommen, die Utensilien mitgeschleppt. Außerdem habe ich noch zwei Mitarbeiter mitgenommen, die am Büchertisch immer ein gutes Geschäft gemacht haben. Wir haben sehr sehr viel getan, damit

AMORC bekannt wurde und auch nicht ärmer, sondern etwas reicher geworden ist, damit Geld auf die Kasse, auf die Konten kam, dass wir uns also etwas mehr erlauben konnten und sagen konnten: „Gut, wir können dieses oder jenes noch tun, es ist soundso viel Geld noch vorhanden". Das waren die schönen 70er Jahre[...]."

1973 erschien dann dieses Buch „Meditation" in seiner ersten Auflage. Mir sind 2 weitere Auflagen bekannt: Eine von 1967, die in diesem Buch wiedergegeben ist und eine von 1993, die wesentliche Änderungen enthält. Diese Änderungen sind am Schluss dieses Buches abgedruckt.

1998 im Alter von 70 Jahren wurde mein Vater aus dem Orden hinausgeworfen. Einen ernsthaften Grund dafür gab es nach meinen Recherchen nicht wirklich. Natürlich hatte man etwas vorzubringen. Das kommt mir heute, fast 20 Jahre später, aber sehr konstruiert vor. Ich gehe eher von persönlichen Neidereien und Pöstchengeschachere hinter den Kulissen aus.

Seither versucht man, ihn und seinen Namen in Vergessenheit sinken zu lassen. Seine Bücher über Meditation nahm man ganz schnell aus dem Sortiment. Seine Meditationsmethode, die er und nur er ganz alleine eingebracht hatte, wurde aber stillschweigend weiterhin als die „Rosenkreuzer-Meditation" beibehalten. Zumindest im deutschsprachigen Amorc ist das so.

Er hatte dort übrigens noch ganz viele andere Dinge eingebracht, die es bei Amorc weltweit so gar nicht

gab. Dazu zählen beispielsweise kabbalistische Betrachtungen und mystische Symbole und ihre tiefere Bedeutung.
Nach seinem Hinauswurf hatte man diese Dinge einfach frech beibehalten und man hat einfach so getan, als wären all diese Dinge ganz selbstverständlich Amorc-Lehren. Daß er diese Dinge eingeführt und etabliert hatte, erwähnt man nicht einmal ansatzweise.
Dieses Buch soll also auch eine kleine Wiedergutmachung an seinem Andenken sein.
Darüber hinaus hoffe ich natürlich, daß mit diesem kleinen Buch der eine oder andere eine Anregung für seine Praxis der Meditation erhält. Vielleicht findet ja jemand auch durch dieses Buch den Zugang in diese Welt der Meditation und Kontemplation.

In dem Buch erklärt er auch den Unterschied zwischen Meditation und Kontemplation. Leider übersieht er, daß es dazu mehrere Varianten gibt. Er definiert Meditation als „in die Stille gehen" und Kontemplation als ein beschauliches Betrachten. Bei christlich orientierten Menschen werden diese Begriffe allerdings genau umgekehrt benutzt. Dort ist Kontemplation ein „In die Stille gehen", ein Kontakt mit Gott, während die Meditation das beschauliche Betrachten meint.
Das wollte ich nur der Vollständigkeit halber erwähnt haben.

Die Bücher „Meditation" sind in allen Auflagen im Verlag seiner Frau und meiner Mutter Helena Raab erschienen. Die Rechte am geistigen Eigentum liegen also klar bei der Familie Raab als Erbengemeinschaft.

Zu Schloss Elmau ist noch etwas zu erwähnen: Als mein Vater dort mit seinen Seminaren begann, war Elmau noch nicht ein Luxus-Hotel mit 5 Sternen.
Es wurde 1916 von dem protestantischen Theologen und Philosophen Johannes Müller gebaut. Es war als geistige Begegnungsstätte gedacht. Durch Gemeinschaft und die weite und stille Natur sollten seine Anhänger Gott näher kommen. Bis 2005 war Schloss Elmau ein Ort des Anders-Seins. Ein wenig erinnerte es an ein Kloster. Irgendwie wehte an diesem Ort ein besonderer Geist. Deshalb kamen auch spirituelle Gruppen nach Elmau, unter anderem die anthroposophische Gesellschaft und eben die Amorc-Rosenkreuzer. Im Jahr 2005 brannte es dann komplett nieder. Es wurde dann als Luxushotel der 5-Sterne-Kategorie 2008 wieder eröffnet. Von dem ursprünglichen Geist ist nichts mehr übrig geblieben.
Das Elmau meines Vaters hat nichts zu tun mit dem Elmau des G7-Gipfels.

Wilhelm Raab auf der Bühne in Elmau. Oben 1972, unten in den 90ern.

Schloss Elmau vor und nach dem Brand.

Exkurs: Was ist Amorc?
Rosenkreuzerei für Dummie's

(Aus dem Buch. „Wilhelm Raab, Großmeister der Rosenkreuzer: Eine Biografie" von Michael Raab)

Für alle, die mit diesem Universum okkult-esoterischer Logen und Gruppen nichts anfangen können, hier eine kleine Einführung in das Thema:

Zu Beginn des 20. Jahrhunderts stand der Begriff „Rosenkreuzer" für hochentwickelte, spirituelle Meister. Dieser Begriff ist im Bereich Esoterik-Okkultismus-Magie-Mystik angesiedelt. Jeder, der damals etwas auf sich hielt, schmückte sich mit diesem Begriff. Im Zusammenhang mit Theosophie, Anthroposophie, Kabbala, Freimaurern und den damals zahlreichen Wohnzimmer-Logen waren zu der Zeit die Rosenkreuzer der „Hype". Und das obwohl (oder gerade weil?) niemand wirklich wusste, wer oder was die Rosenkreuzer denn nun waren.
1614 wurde der Begriff zum ersten Mal erwähnt mit dem Druck der Schrift „Fama Fraternitatis des löblichen Ordens des Rosenkreuzes". Die Fama beschreibt die symbolische Geschichte des fiktiven Vaters R.C. Die Initialen R.C. heißen übrigens nicht Christian Rosencreutz. Dieser Name taucht erst 1616 in der dritten Rosenkreuzerschrift, in der „Chymischen Hochzeit des Christiani Rosencreutz anno 1459" auf. Die „Chymische Hochzeit" beschreibt eine ganz andere Person und ist in einem anderen Stil geschrieben. Die Initialen R.C. sind kabbalistisch zu verstehen. Es geht

also um eine Symbolik innerhalb des hebräischen Alphabetes.

Die Urschriften Fama Fraternitatis, Confessio Fraternitatis und die Chymische Hochzeit sorgten damals für einiges Aufsehen. Eine Gruppe oder einen Orden konnte man damals nicht ausfindig machen. Auch die Autorenfrage ist nach wie vor ungeklärt.

Auf diesen Mythos bauten im Laufe der Zeit viele Bewegungen auf. Alle diese Gruppen existierten nie besonders lange und gingen nach wenigen Jahrzehnten wieder ein. Alle diese Bewegungen hatten untereinander keine Verbindungen. Von echten Nachfolgern kann aus Sicht der historischen Forschung keine Rede sein.

Relativ bekannt waren die Gold- und Rosenkreuzer in der Mitte des 18. Jahrhunderts. Anfang des 20ten Jahrhunderts wurden gegründet das Lectorium Rosicrucianum, die rosicrucian fellowship nach Max Heindel und 1915 der Amorc von Harvey Spencer Lewis in New York. Amorc (auch AMORC oder A.M.O.R.C. geschrieben) steht für „Antiquus Mysticusque Ordo Rosæ Crucis", auf Deutsch „Alter und mystischer Orden vom Rosenkreuz".

Mystik bedeutet: nach Innen gehen und das Göttliche dort finden. Das Bestreben der Mystik ist, eine eigene Gotteserfahrung zu machen. Auf Amorc-Deutsch spricht man hier vom „kosmischen Bewusstsein". Amorc ist seinem Wesen nach pantheistisch. Das bedeutet, dass das Göttliche überall im Universum vorhanden und die Grundlage allen Seins ist. Beispielsweis besteht jedes Atom und jedes menschliche Bewusstsein aus dieser bewussten, göttlichen Ursubstanz. Materie ist demnach nur eine besondere Ausdrucksform göttlichen Bewusstseins und das Bewusstsein eines jeden Menschen ist Teil dieses unendlichen göttlichen (= kosmischen) Bewusstseins. „Alle Realität ist Eins!"- dieser Tempelspruch bringt alles auf den Punkt.

Zum Weltbild des Amorc gehören auch Reinkarnation und Karma, obwohl diese in den Urschriften wie der Fama und der Chymischen Hochzeit nicht erwähnt (aber auch nicht ausgeschlossen) werden.

Das Wesen des Amorc ist das Heimstudium im Heim-Sanktuarium. Dazu werden jedem Mitglied monatlich Lehrbriefe geschickt, die bei Amorc fälschlicherweise als „Monografien" bezeichnet werden. Die Lehrbriefe sind in Grade unterteilt. Zuerst 3 Neophytengrade, ein Postulantengrad und dann 12 Tempelgrade. Danach gibt es Lehrbriefe für die sog. Hochgrade, die ich jetzt einfach mal frech als „Warmhalte-Briefe" bezeichnen möchte.

Da Amorc sich als Einweihungsweg versteht, gibt es besondere Initiationen. Einige werden in Tempeln durchgeführt, andere vollzieht das Mitglied zuhause als Selbst-Initiation im Heimsanktuarium.

In Städtegruppen werden Gesprächsrunden angeboten und Tempelrituale. Je nach Mitgliederzahl werden diese Ritualgruppen als Pronaos, Kapitel oder Loge bezeichnet. Die Rituale sind nicht öffentlich und jedes Mitglied fühlt sich an eine gewisse „Arkan-Disziplin", also an eine „Verschwiegenheits-Pflicht, gebunden. Über Rituale wird Außenstehenden gegenüber nicht gesprochen.

Amorc bezeichnet sich als „Bruderschaft". Die Mitglieder heißen daher „frater" (=Bruder) und soror (=Schwester) bzw. im Plural fratres und sorores.
Der Aufbau und das Ritual einer Loge erinnert an eine magische Loge. Watermeyer soll einst gesagt haben. „Amorc ist zu mystisch, um magisch zu sein und zu magisch, um mystisch zu sein!".
Magie bedeutet, höhere geistige Kräfte auf die irdische Ebene zu lenken, um dort bestimmte Resultate zu erzielen. Man kann niedere oder höhere Ebenen oder das Allerhöchste, das Göttliche, anrufen. Bei niederen Kräften würde man versuchen, diese zu „zwingen" und eventuell selbstsüchtige Ziele verfolgen. Bei einer Anrufung des Göttlichen bittet man freundlich um Unterstützung für höhere, ethische Ziele.
Amorc ist nicht wirklich magisch, enthält aber magische Elemente.

Inwieweit der Amorc und die anderen Rosenkreuzer-Gruppen den Titel „Rosenkreuzer" zu Recht tragen, sei dahingestellt. Dazu muss sich jeder sein eigenes Bild machen.
Im eigentlichen Sinne bezeichnet „Rosenkreuzer" einen Idealzustand nahe an der Erleuchtung verknüpft mit einem hohen, ethischen Ideal. Ein Rosenkreuzer wird man also nicht, indem man einer Gruppe beitritt. Auch die Ämter eines Meisters oder Großmeisters sind symbolisch gemeint.

Jede Sprachregion wird von einer Großloge verwaltet, der ein Großmeister vorsteht. Man spricht auch von einer „Jurisdiktion". Für Deutschland, Österreich und die Schweiz gibt es die Großloge in Baden-Baden. Amorc Deutschland hat zurzeit etwa 2.000 Mitglieder (in den 70ern fast 4.000) und es gibt in geschätzt etwa 30 Städten eine Städtegruppe, je nach dem ein Pronaos, ein Kapitel oder eine Loge. Alle französischsprachigen Länder (und dazu gehört halb Afrika) sind in der französischen Großloge in Omonville vertreten und alle englischsprachigen in der amerikanischen Großloge in San Jose, Kalifornien. Mit diesem System ist Amorc überall in der freien Welt vertreten.

Über der Großloge steht die oberste Großloge, die von einem „Imperator" geleitet wird. Deren Sitz war früher ebenfalls in San Jose, heute ist er aber in Lachute in Kanada.

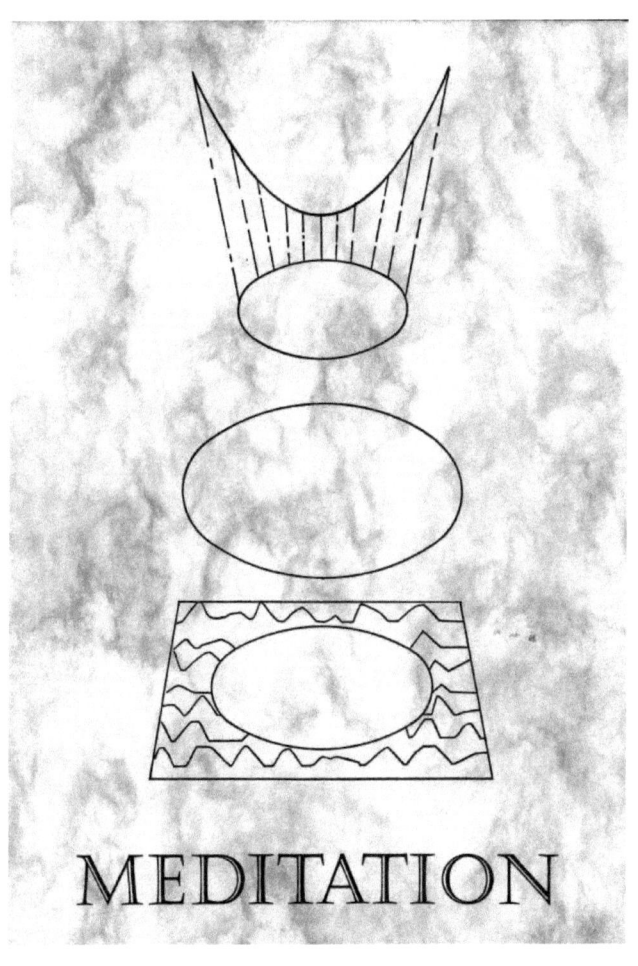

Buch 2. Auflage 1976
Von Wilhelm Raab

Geneigter Leser!
Die Meditation wird seit dem Bestehen der Menschheit geübt und angewandt, sie ist also nicht „NEU". Auch ist sie an sich nicht geheimnisvoll, obgleich ein Geheimnis sie umgibt. Für denjenigen, der sich noch nicht oder nur wenig mit Meditation befasst hat, besteht die Frage: Was geschieht und auf welche Weise?" Es geschieht folgendes: Der Mensch erlebt eine Berührung mit dem Gesamt der kosmischen Welt und er spürt die Übereinstimmung von sich und der kosmischen Welt. Diese Übereinstimmung versetzt ihn in die bemerkenswerte Lage, das Geschehen im Alltag besser zu verstehen und es entsprechend auch zu handhaben.
Man könnte die Meditation auch als ein Heilmittel bezeichnen, denn ihre richtige Anwendung hilft bei der Heilung. Das geschieht, indem sie Kräfte des Menschen mobilisiert. Die Meditation führt den Menschen zu sich selbst zurück, läßt ihn seine eigenen, ihm selbst zugehörigen Kräfte erkennen, mit denen er immer rechnen kann und muß. Und das ist allein schon ein gewaltiger Vorteil: Die Erneuerung aus sich selbst betreiben zu können. Das bedeutet, keine Abhängigkeit von Personen und Gegenständen. Es ist eine Art Selbstbefreiung. Man übertreibt wohl nicht, wenn man von einer gewissen „Neugeburt" spricht, denn die Tiefe, aus der der neue Kraftstrom kommt, macht ihn so wirksam, daß der ganze Mensch neu belebt wird und sich entsprechend wie neugeboren fühlt.
Natürlich gehört zu alledem nicht allein die angelesene Bücherweisheit. Zur erfolgreichen Meditation sind

eigentlich alle Menschen fähig, die innere Bereitschaft aufbringen und sie richtig anwenden.

Dem Bereich der Meditation ist gewissermaßen auch die Intuition zuzurechnen, die auch aus unbekannter Tiefe kommt. Sie wirkt übermächtig und beflügelt zu schöpferischen Taten. Der Mensch empfindet sich von Mächten berührt und bewegt – es offenbart sich etwas.

Bei der Meditation tut sich eine sichere Erkenntnisquelle eigenen Ursprungs auf. Die Dinge bieten sich selber an, mit intensiver Gewissheit. Nach der gelungenen Meditation fließen neue Kraftquellen, Energien, die in Taten umgesetzt werden müssen. Dies geht nicht spontan, nicht ungestüm, sondern ist dem eigenen Lebensrhythmus angemessen. Ein Erneuerungs- und Gesundungsprozeß vollzieht sich.

Die gesamte körperliche Verfassung erfährt dadurch eine Ausstrahlung, die alle bisher als schwierig empfundenen Behinderungen fast mühelos beseitigen kann. Der Wille fühlt sich frei und stark. Und die Kraft des Willens kann mit Nachdruck, sanft, aber bestimmt, die angestrebten Ziele verfolgen.

Die Meditation gehört zu den Mitteln, die es ermöglichen, neue Erfahrungen von sich selbst zu machen. Diese Erfahrungen, die die Grenzen der Wirklichkeit zu überschreiten scheinen, bergen eine wirkliche Kraft zur Erneuerung in sich.

Natürlich sind der Meditation auch Grenzen gesetzt. Sie kann als steter Jungbrunnen genutzt werden, aber nicht als Fluchtstätte aus der Wirklichkeit des Alltags. Sie würde dann das Gegenteil bewirken. Allzu leicht verführt der erhabene Zustand des Einsseins mit den kosmischen Kräften zu einer Art Wirklichkeitsflucht. Die Meditation hingegen will helfen, die Wirklichkeit richtig zu erleben und zu verstehen. Auf gar keinen Fall will sie den Meditierenden ins Land der Träume und Illusionen führen.

Mit der Meditation und durch sie ergibt sich die Möglichkeit, sich den schädlichen Einflüssen der Umwelt gegenüber abzugrenzen und die verderblichen Einflüsterungen abzuwehren. Der Mensch muß sich gegen die Überreizung der Denk- und Nervenkräfte wehren. Durch völliges Loslösen von allem Äußerlichen muß er wieder die Kraft finden zur verstärkten Aufnahmefähigkeit der Eingebungen aus dem Inneren.

Die Meditation verleiht die Kraft zur Wiederaufnahme von Eindrücken oder ihre Zurückweisung, wenn sie unbrauchbar sind. Aus der Quelle der Meditation kommt auch die Kraft, die das Bewusstsein stärkt und die aus dem Inneren kommende schöpferische Gestaltungsfähigkeit mit neuen Impulsen versorgt.

Das aus dem Menschen selbst Wirkende ist ihm in jedem Falle gemäßer als das von Außen kommende, Fremde. Die Meditation ist das geeignete Mittel, **eigene** Kräfte freizulegen und somit das Eigene zu fördern. Aus dieser wieder frisch sprudelnden „körpertemperaturgemäßen" Quelle füllt sich das Leben wieder auf, und die daraus entspringenden Taten sind von einer Gleichmut begleitet, so als gäbe es nur diese Taten. Die Meditation dient nicht nur dem täglichen Leben. Wir alle wissen um die Unsicherheit der Zukunft. Durch die Meditation kann man sich einen Schutzwall aufbauen, kommende Gefährdungen besser zu bestehen. Wenn der Mensch jetzt schon Kräfte sammelt, deren er später erst bedarf, so ist er im Vorteil. Allein die Kraft, ein richtiges Urteil über das, was zu tun oder zu lassen ist, zu gewinnen, bekommt in schwierigen Zeiten einen überragenden Wert. So kann man zuversichtlich kommenden Dingen entgegensehen, man ist gewappnet.

Und **wie** geschieht dies nun durch die Meditation?

Die Art und Weise, wie man die Meditation ansetzt, wird hier im Buch genau beschrieben. Allerdings haben die Regeln, die hier aufgestellt werden, nur allgemeinen Charakter. Auf dem Gebiet der Meditation bringt jeder erst einmal sich selbst mit. Aus dieser Tatsache ergeben sich Bindungen, die den ganzen Prozess der Meditation mitbestimmen und auch den Erfolg absichern.

Die Beschreibung des eigentlichen Vorgangs bei der Meditation ist nur ein Versuch, zu erklären, wie in etwa der Ablauf vonstattengehen könnte oder sollte. Es sind Annäherungswerte aufgezeichnet.

Mit aller Vorsicht und gebotene Respektvor vor dem zu erwartenden Ergebnis muß vorangegangen werden. Erklärungen bedeuten hier nur „Leitlinien", Hinweise und Andeutungen.

Der Erfolg durch die Meditation ist mehr ein Geschenk, eine Gnade, als das wohlverdiente Ende einer Pflichtübung.

Es gehört eine behutsame Vorbereitung dazu – deshalb das strenge Ritual – es ist eine notwendige, unerläßliche Übung zur Beschreibung der verheißungsvollen Brücke. Der Mensch, der sich der Meditation bedient, erfährt, daß es hinter allem Geschehen noch eine Wirklichkeit gibt, zu der man zeitweilig vordringen kann. Die Meditation ist der Weg, in diesen Bereich einzudringen. Der Mensch hat von jeher viele Wege gesucht und gefunden und damit seine Persönlichkeit zu bereichern vermocht.

Nun, wohlan, hier wird ein Weg gewiesen!
Der Verfasser

Meditation
Was ist Meditation?
Die Meditation ist ein Zustand der Abstimmung, ein Zustand der Vereinigung der beiden menschlichen Bewußtseinsebenen. Meditation ist ein Zustand der Stille, der aus der Verbindung des Oberbewußtseins mit dem Unterbewußtsein hervorgeht.

Der Mensch ein Doppelwesen
Der Mensch ist in jeder Hinsicht ein zweifaches, „duales" Wesen, denn er ist physisch und psychisch existent. Dem entspricht auch das Bewußtsein des Menschen, das in Oberbewußtsein und Unterbewußtsein unterteilt ist. Das Oberbewußtsein entspricht dem äußeren Bereich des Menschen, regelt seine Existenz auf der materiellen Ebene des Daseins und ist durch die Natur und die Art seiner Kontakte, die es herstellen kann, begrenzt. Dieses Oberbewußtsein ist an das Gehirn gebunden, es ist das Bewußtsein von der materiellen Welt und dem, was außerhalb unseres Selbst besteht.
Das Oberbewußtsein wird oft fälschlicherweise mit objektivem Bewußtsein bezeichnet, was auf dem Gebiet der Psychologie eine ziemliche Verwirrung der Begriffe hervorgerufen hat. Genauso wird das Unterbewußtsein mit subjektivem Bewußtsein bezeichnet, was wiederum nicht zutrifft. Richtig muß es heißen, daß das Oberbewußtsein in eine objektive und eine subjektive Phase unterteilt wird, denn das Oberbewußtsein ist ebenfalls zweifach, also dual.
Die objektive Seite des Oberbewußtseins umfaßt alles, dessen wir durch unsere Sinnentätigkeit be-

wußt werden. Die subjektive Seite des Oberbewußtseins ist gewissermaßen der Außenwelt abgewandt und beinhaltet vielmehr die Begriffsbildung, das Zusammenfassen, das synthetische Denken. Dieser subjektive Bereich ist nicht unbewußt, er vermittelt vielmehr die aus dem Inneren, aus dem Unterbewußtsein kommenden Vorgänge an den objektiven Bereich des Oberbewußtseins.

Das Oberbewußtsein des Menschen mit seinen objektiven und subjektiven Bereichen wird auch als das „äußere Selbst" des Menschen bezeichnet, während das Unterbewußtsein mit seinen individuellen (persönlichen) und kollektiven (unpersönlichen) Inhalten als das „innere Selbst" des Menschen bezeichnet wird.

Das Oberbewußtsein ist an die Tätigkeit des Gehirns gebunden und ist die Individualität des Menschen, während das Unterbewußtsein im Menschen ruht und alle Erfahrungen des Lebens (auch aus früheren Leben) verwahrt. Das Unterbewußtsein, auch als das „psychische Bewußtsein" bezeichnet, ist an die Seele gebunden und beinhaltet das Erinnerungsvermögen, sozusagen die Persönlichkeit. Wenn wir das Oberbewußtsein mit seiner subjektiven und objektiven Phase ausschalten, spricht das Unterbewußtsein zu uns und gibt uns jedwede Auskunft, die wir wünschen. Dies erreichen wir durch Meditation.

So gesehen ist die Meditation eigentlich nur eine Kommunikation zwischen dem Oberbewußtsein und dem Unterbewußtsein des Menschen, oder zwischen dem äußeren und dem inneren Selbst des Menschen. Bei der Meditation verbinden sich das äußere und das innere „Selbst" miteinander, denn es handelt sich hier nicht um Konzentration, auch nicht um Kontemplation. Hier sind Unterschiede, die man immer vor Augen haben muß, wenn nicht ein falscher Weg eingeschlagen werden soll.

Kontemplation und Konzentration
Kontemplation ist ein schauendes, betrachtendes Erkennen, während unter Konzentration die Bemühungen eines Menschen verstanden werden, der all seine Geisteskräfte auf eine Sache oder auf einen Gedanken lenkt.
Meditation ist ein Zustand innerhalb eines Gesamtprozesses, der durch ein passives Stillehalten – Ausschaltung der objektiven Welt – die bewußte Verbindung des Oberbewußtseins mit dem Unterbewußtsein erreicht. Durch die Meditation kann man sich bewusst mit dem Kosmos verbinden, der die wichtigste und unentbehrliche „Informationsquelle" ist.
Das innere Selbst, das Unterbewußtsein, ist immer bereit, sich mit dem äußeren Selbst, dem Oberbewußtsein, zu verbinden. Es wartet immer auf die Bereitschaft des äußeren Selbst. Dieses äußere Selbst oder Oberbewußtsein mit seinen objektiven und subjektiven Bereichen muß hierzu den ersten Schritt tun: Ausschaltung der objektiven äußeren Sinne, und des subjektiven Denk- und Kombinationsvermögens, Erhebung des äußeren Selbst auf die psychische Ebene.
Wenn das äußere Selbst auf dieser psychischen Ebene - auch Zwischenebene genannt, da sie „zwischen" der kosmischen Ebene und der materiellen Ebene dieser Welt liegt – angelangt und bereit ist, bewußt

das innere Selbst, das Unterbewußtsein, zu empfangen, so wird dieses Schritt für Schritt sich nähern und sich mit dem äußeren Selbst vereinigen. Die Kommunikation oder der Austausch der Erfahrungen findet dann statt. Wenn das innere Selbst, das psychische Bewußtsein, sich ausdehnt, so geschieht dies aus seinem Zentrum heraus nach allen Seiten, so daß es nach und nach immer mehr von der Realität zu erfassen vermag. Hierdurch gelangt es zu Erfahrungen, die es auf der materiellen Ebene sonst nicht haben kann.

Dieses Einswerden der beiden Bewusstsein ist ein Erlebnis, das mit Worten nicht geschildert werden kann. Niemand kann einem anderen Menschen eine richtige Vorstellung davon vermitteln, denn es ist innerstes Erleben, das bei jedem verschieden ist. Der Mensch ist immer ein Teil des gesamten Kosmos, lebt aber ständig in dem Gefühl, daß sein Ich von der übrigen Welt getrennt ist. Bei der bewußten Einswerdung aber erlebt er die eine große Harmonie und erfährt den Zustand des EINS-SEINS.

Es gibt dann nicht das Gefühl des Körpers oder der Individualität, höchstens das Empfinden „Ich bin", worin sich aber zugleich der Kosmos ausdrückt. Den Kosmos muß man sich allgegenwärtig vorstellen, der überall vorhanden ist und seinem Wesen nach eine Unendlichkeit darstellt. In diese Unendlichkeit muß der Mensch von Zeit zu Zeit eintauchen, um sich für die Zeitspanne eines einzigen Augenblicks mit der Gesamtheit des Seins unmittelbar zu verbinden.

Warum Meditation?
Die Meditation ist ein Hilfsmittel, mit dem man über einen bestimmten Gedanken, über ein Problem, über einen Zustand noch mehr Wissen erlangen möchte, das auf anderem Wege nicht zu haben ist. Wir wollen also eine Mitteilung über den Gedanken, den wir im Sinne haben, erhalten, denn alle anderen Kommunikationsmöglichkeiten sind ausgeschöpft. Da wir durch unser inneres Selbst – auch psychisches Selbst oder Unterbewußtsein – mit dem Kosmos und seinem Bewusstsein ständig und direkt verbunden sind, was liegt da näher, als sich alle Informationen aus dieser immer sprudelnden Quelle zu holen?
Es wurde gesagt, daß unser psychisches, inneres Selbst sich Schritt für Schritt dem physischen, äußeren Selbst nähert, wenn dieses sich auf die psychische Ebene – Zwischenebene – erhoben hat und in die Phase der absoluten Stille eingetreten ist. Diese Aussage weist uns darauf hin, daß man sich für die Meditation gut vorbereiten muß. Es resultiert daraus aber auch die Frage, wie stellt man es an, richtig zu meditieren?
Zunächst muß die Theorie über die Meditation behandelt werden, ehe man zur Praxis schreiten kann. Bei der Meditation verhält es sich genau so wie bei anderen esoterischen, mystischen Disziplinen auch. Es ist nicht wichtig, daß man anderen beweist, daß man die Meditation beherrscht, man muß sie für sich selber erfahren, man muß sie an sich selbst erleben und Anderen gegenüber möglichst darüber schweigen. Nur derjenige, der sich verpflichtet fühlt, gewisse Erfahrungen mit einer dieser esoterischen, mysti-

schen Disziplinen weiter zu geben, wird sich bereit erklären, richtungsweisende Beispiele zu bringen. Seine Schüler werden zunächst auch die theoretischen Beispiele verarbeiten und an sich ausprobieren müssen, um die Praxis zu erlernen. Jeder einzelne muß dies für sich ausführen, denn erst dann kann er erfahren, ob dieser von anderen erprobte Weg sich auch für ihn in der Praxis bewährt. Das Dasein eines Mystikers, eines Esoterikers muß ein lebendiges, praktisches sein. Er muß das Leben eines natürlichen Menschen leben, gemäß seinen Anlagen, seiner Erziehung und seinen Fähigkeiten. Theorien, mit denen er sich beschäftigt, setzt er zunächst in die Praxis um, damit er seine eigenen Erfahrungen damit sammeln kann. Die daraus resultierenden Ergebnisse wird er in verwandelter Form weiter geben. Andere müssen seine Theorien, die er ihnen vermittelt, zunächst aufgreifen und verarbeiten, dann in die Praxis umsetzen, um so zu eigenen Erfahrungen zu kommen. Nur auf diese Weise kann etwas richtig übernommen werden. Alles ist ein ewiger Kreislauf, nichts geht verloren, nichts wird hinzugewonnen.

Erprobte Meditation
Geneigter Leser! In diesem Werk befassen wir uns mit der Theorie der R.C.-Meditation, die ebenfalls anhand einiger Beispiele angewandt und geprüft werden kann. Bei der R.C.-Methode handelt es sich um eine überlieferte und Jahrhunderte hindurch erprobte Theorie einer erfolgreichen Meditation. Der Verfasser dieses Werkes hat diese Theorie aus alten Chroniken und auch Archiven des „Ordens R.C." [An-

merkung der Herausgebers: damit ist **nicht** der Amorc gemeint!] zusammengetragen und jahrelang in verschiedener Art und Weise erprobt, ehe er sich entschloß, das Ergebnis dieser intensiven, langwierigen Arbeit einer größeren Leserschaft zu übermitteln. Erstmals im Jahre 1972, auf einem Seminar vor Mitgliedern des Amorc auf Schloß Elmau, wurde diese Theorie mit Beispielen vorgetragen. Sie hat regen Anklang gefunden und mußte einige Male wiederholt werden. Auf Drängen vieler Zuhörer und Interessierter wurde dieser Vortrag 1973 publiziert und erlebt nun eine Neuauflage, die erweitert und ergänzt wurde.

Die R.C.-Theorie weist die Meditation als eine Kunst aus, die man erlernen kann, in deren Ausübung man aber nie vollkommen wird. Sie ist eine Kunst, die uns ständig ermuntert und anregt, weitere Erfahrungen auf diesem Gebiet zu sammeln.

Vorbereitungen
Um zu einer wirklichen, erfolgreichen Meditation zu gelangen, müssen einige wichtige Vorbereitungen getroffen werden. Zunächst einmal muß klargestellt werden, daß man eine Meditation für beliebig viele Gedanken nicht auf einmal vornehmen kann, sondern man muß einzeln vorgehen. Es muß das jeweils wichtigste und zunächst unlösbar erscheinende Problem ausgewählt werden, das von der objektiven Phase des Oberbewußtseins erfaßt und an die subjektive Phase desselben weitergeleitet wird.

Dann muß das Oberbewußtsein sich auf dieses Problem stark konzentrieren, um dann, im entspannten

Zustand, mit dem Unterbewußtsein darüber seine Erfahrungen auszutauschen. Das EINS-SEIN mit dem Kosmos kann nur in der absoluten Stille geschehen. Alle Geräusche, Empfindungen, Gedanken und Gefühle aber verhindern diese absolute Stille, müssen daher ausgeschaltet werden.
Sobald das Problem, der Gedanke, über den meditiert werden soll, feststeht, muß der Eintritt in das große Schweigen vollzogen werden, das der absoluten Stille vorausgeht. Dies geschieht mittels der gründlichen Entspannung. Es wäre völlig falsch, wollte man sich in einem nervösen oder aufgewühlten Zustand der Meditation hingeben. Entspannung ist somit die nächste notwendige Voraussetzung, um eine Kommunikation, eine Verbindung zwischen dem äußeren und dem inneren Selbst zu vollziehen.

Entspannung
Eine wahre Meditation kann nur unter Einhaltung bestimmter Schritte oder Stufen erreicht werden. Es muß hier aber auch gesagt werden, daß eine Meditation meist nur wenige Augenblicke anhält. Nur der weit Fortgeschrittene in dieser esoterischen Disziplin kann eine halbstündige oder längere Meditationsperiode erreichen. Eine richtige, oft tagelange Entspannung ist hierfür unbedingte Voraussetzung. Ein völliges Gelöstsein aller Muskeln, die Abwehr aller neuen Sinneseindrücke, sowie das Abklingen aller noch vorhandenen ist unbedingte Notwendigkeit. Alle Gedanken und Gefühle müssen beiseite geräumt werden, damit der gesamte Mensch zur Ruhe kommt. Erst dann kann, unter Schließung der Augen, der Eintritt

in das große Schweigen vollzogen und das äußere Selbst – das Oberbewußtsein – auf die psychische Ebene – Zwischenebene – erhoben werden. Denn nur auf dieser Zwischenebene, wie die psychische Ebene auch genannt wird, kann die bewußte Verbindung, das EINS-SEIN mit dem Kosmos, im Bereich der absoluten Stille angestrebt werden.

Die Mediation ist ein Erfahrungsaustausch über ein Problem, einen Gedanken, der zwischen dem Oberbewußtsein oder dem äußeren Selbst des Menschen und dessen Unterbewußtsein oder innerem Selbst stattfindet. Dieser Erfahrungsaustausch kann nur auf der Zwischenebene, im Bereich der absoluten Stille, geschehen.

Erläuterung zu den Abbildungen:
Betrachten wir zum besseren Verständnis die Abbildungen. Es sind keine Symbole dargestellt, sondern Zeichen, die als Hilfen zum besseren Verständnis der R.C.-Methode der Meditationstheorie dienen.

Die kleine, kreisförmige Fläche (A) soll das innere Selbst (Unterbewußtsein) darstellen, das ständig mit der kosmischen ebene verbunden ist. Die größere, kreisförmige Fläche (B) in einer viereckigen Fläche eingebettet, soll das äußere Selbst (Oberbewußtsein) darstellen und die viereckige Begrenzung (D) die materielle Umwelt.

Das äußere Selbst (B) ist mit der materiellen Ebene, und das innere Selbst (A) mit der kosmischen Ebene verbunden. Sie können sich nur außerhalb ihrer eigenen Ebenen vereinigen, müssen sich also auf die psychische Ebene (C) begeben, die zwischen der kosmischen und materiellen Ebene liegt, und hier als blaue Zwischenebene (C) dargestellt wird.

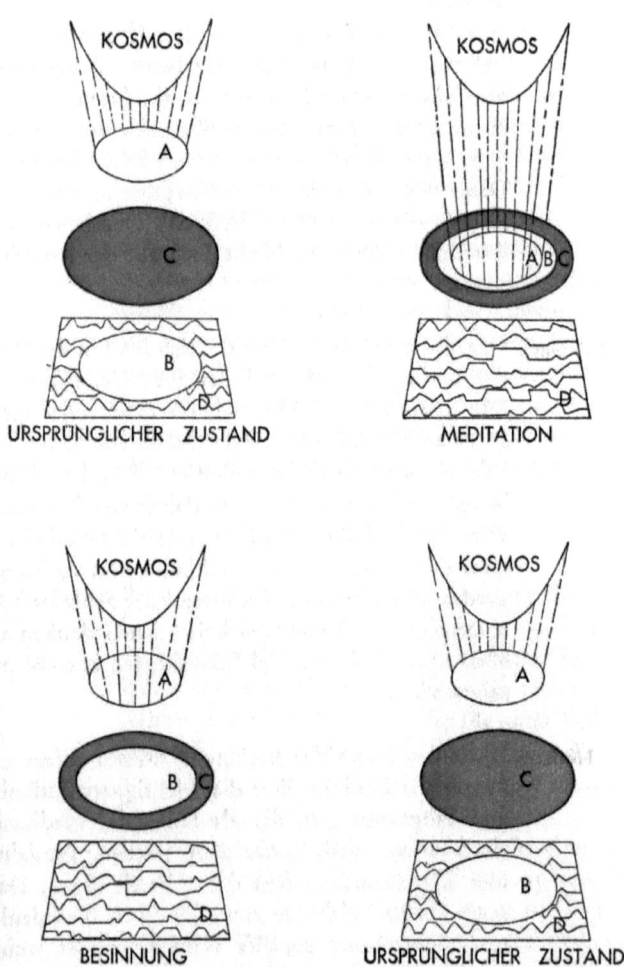

Der eine Gedanke
Es sei hier wiederholt: Eine Meditation kann man für **einen** einzigen Gedanken vornehmen, über den mehr Erleuchtung, mehr Erfahrung erwünscht wird. Dieser eine, ausgewählte Gedanke muß nun vom Oberbewußtsein, vom äußeren Selbst ausgewählt worden sein. Eine gründliche Konzentration auf diesen einen Gedanken soll nun erfolgen. Danach erst kann die Entspannung eintreten, damit das Oberbewußtsein in das große Schweigen, in die absolute Stille eintreten kann mit dem Ziel, sich auf die Zwischenebene, auf die psychische Ebene zu erheben, um dort die bewußte Verbindung mit dem Unterbewußtsein aufzunehmen. Dieses Unterbewußtsein ist ja in ständiger Verbindung mit dem Kosmos und daher in der Lage, dem Oberbewußtsein alles mitzuteilen, was dieses zu erfahren wünscht.

Das Oberbewußtsein (B) und das Unterbewußtsein (A) fließen auf der Zwischenebene (C) ineinander über und zwar im Moment der absoluten Stille. Sie tauschen ihre Erfahrungen über den von uns ausgewählten Gedanken aus, was nur Sekunden dauert. Dann zeiht sich das Unterbewußtsein, das innere Selbst, wieder zurück, doch das Oberbewußtsein, das äußere Selbst, verbleibt noch auf der Zwischenebene.

Besinnung
Das Oberbewußtsein befindet sich jetzt in der Phase der Besinnung, während der ihm Gedanken und Empfindungen zufließen, wie etwas sein oder ausgeführt werden könnte. Da der Meditierende noch im Schweigen verharrt, ist es ihm möglich, diese Einge-

bungen aufzunehmen. Es ist daher von besonderer Wichtigkeit, daß der Meditierende nicht müde ist. Er muß einem eventuellen Einschlafen stets vorbeugen, da das Oberbewußtsein während des Schlafes keine Kontrolle über die zu verarbeitenden Gedanken ausüben kann und keinerlei Eingebungen bewußt aufnehmen kann.

Notizen
Nach der Phase der Besinnung müssen sofort umfangreiche Notizen über die wichtigsten Gedanken und Empfindungen, die als Folge der Meditation einströmen, niedergeschrieben werden. Notizbuch und Schreibgerät sollten daher bereit liegen. Dann muß das so Erfahrene zunächst durch Nachdenken und Anwendung geprüft werden, ehe es weitergegeben wird. Dies sei besonders dem Anfänger sehr ans Herz gelegt. Der Meditierende erfährt durch die Meditation, wenn er sie richtig durchführt, sehr vieles, das zunächst nur für ihn alleine bestimmt ist.

Vor der Meditation
Alle Versuche, eine Meditation erfolgreich durchzuführen, werden fehlschlagen, wenn nicht die richtigen Vorbereitungen dafür getroffen worden sind. Dies muß dem Anfänger besonders nahe gelegt werden. Auch soll er sich die erste wichtige Regel zur Meditation aneignen, die da lautet: Für die Durchführung der Meditation darf man nicht müde sein! Es ist viel besser, vorher etwas zu schlafen oder zu ruhen, damit man die Meditation bewußt erlebt und in der Phase der Besinnung wirklich aufnahmebereit ist.

Diese Regel gilt natürlich auch für die Vorbereitung des Kontaktes auf der Zwischenebene, der nicht zustande kommen kann, wie wir es wünschen. Wir dürfen also nicht müde sein. Das Oberbewußtsein ist während des Schlafes, auch des ganz leichten, beinahe ganz ausgeschaltet. Es kann keine Empfindungen und Ideen aufnehmen, die als Folge des Kontaktes auf den Meditierenden einströmen und derentwegen die Meditation eigentlich durchgeführt wird.

Raumordnung
Bevor man mit den Vorbereitungen zur Meditation beginnt, muß man für diesen Zweck einen Raum der Wohnung wählen, in dem man bestimmt für einige Zeit vollkommen allein sein kann. In diesem Raum sucht man sich den Platz aus, der für unser Vorhaben am geeignetsten erscheint. Eigentlich sollte die Lieblingsecke im Wohnraum, oder wo immer sie sich befindet, dafür verwendet werden.

Für den geistig vorwärts strebenden Menschen sollte es selbstverständlich sein, seine Wohnung, sein Zimmer oder, wo immer er wohnt, wo er zur Zeit lebt, so herzurichten, dass er es als angenehm und wohltuend empfindet, wenn er von des Tages Mühe und Arbeit dorthin zurückkommt. Heute mehr denn je ist dies eine Notwendigkeit. Ferner ist es wichtig, daß der Mensch einen Ort, einen Raum oder auch nur einen Sitzplatz hat, wohin er sich in allen Lebenslagen zurückziehen kann, wo er sich geborgen fühlt und wo ihn niemand stört.

Diesen Platz sollte man auch aufsuchen, wenn man über seine Probleme nachdenkt, seine Lieblingsmusik hört, ob vom Radio oder von Schallplatten und auch wenn man seine Bücher liest und seine Briefe schreibt. Jeder Mensch sollte so einen Platz besitzen. Den Mitgliedern des R.C. wird empfohlen, sich so einen Platz einzurichten und diesen auch bei den Studienabenden immer einzunehmen, damit er die bereits auf diesem Platz erzeugten Ausstrahlungen, auch Schwingungen genannt, vermehrt werden. Das Ordnen und das Aussenden von Gedanken wird so wesentlich erleichtert und die Harmonie im ganzen Raum wird gesteigert. Der Bewohner fühlt sich wohl und freut sich auf diese erhabenen Stunden. Der individuell ausgesuchte Platz wird von den Rosenkreuzern als „Heimsanktuarium" bezeichnet, gewissermaßen ein heiliger Platz, der von jedem geachtet und respektiert wird.

Lüftung
Der Raum, in dem die Meditation vorgenommen werden soll, muß eine klare, reine Luft haben. Es ist also gut, kurz vor Beginn der Vorbereitung zur Meditation diesen Raum gut zu durchzulüften. Weiter muß dafür gesorgt werden, daß während der Meditationszeit weder Klingel noch Telefon stören können. Unseren Angehörigen sagen wir, daß wir unter gar keinen Umständen in der nächsten Stunde (ungefähre Zeit) gestört sein wollen und bitten sie um Verständnis dafür, daß wir jetzt die Tür unseres Raumes verschließen.

Entspannung
Es ist wichtig, sich vor einer Meditationsübung einer genügenden Entspannung hinzugeben. Es wurde schon erwähnt, daß man nicht müde sein soll und daß man die Müdigkeit durch etwas Schlaf vor der Meditationsvorbereitung verbannen soll. Wer aber nicht müde, sondern nur abgespannt ist, sollte sich unbedingt der Entspannung hingeben. Man sitzt dabei am bequemsten in einem Sessel und zwar so, daß man nicht zu bequem sitzt und entspannt sich, indem man einige Male tüchtig ausatmet, verbunden mit einem tiefen Seufzer. Man läßt die Schultern etwas hängen und versucht dann, allen Gedanken Einhalt zu gebieten, die jetzt auf uns zukommen, so daß man innerlich ruhig wird. Es ist gut, wenn man das Fenster dabei offen hat. Man muß die ankommenden Gedanken bewußt zurückweisen und dabei sagen, daß man jetzt Ruhe haben möchte. Man geht dazu über, nichts zu denken und sich gewissermaßen von des Tages Mühe erst ein wenig zu erholen. Es ist ratsam, ein Glas nicht zu kalten, frischen Wassers zu trinken.

Konzentration
Hat man sich genügend und nachhaltig entspannt, dann kann man zur Konzentration übergehen. Es ist zunächst der Gedanke klar zu fassen, über den man mehr Erleuchtung, mehr Wissen haben möchte. Er muß vorher sorgfältig überdacht werden, denn flüchtige Gedanken oder nur halbe und vage Vorstellungen werden keine befriedigenden Ergebnisse zeitigen. Hat sich das Problem, ein Wunsch oder ein Gedanke so kristallisiert, daß wir ihn mit wenigen Wor-

ten ausdrücken können, dann muß dieser Gedanke auch gefühlsmäßig belebt werden.

Sinnvoll und Rechtschaffen
Sodann muß geklärt werden, ob unser Gedanke, unser Wunsch auch sinnvoll sowie rechtschaffen ist und daß keine pure Fantasie diesem unserem Wunsch zugrunde liegt. Niemand darf durch die Verwirklichung unseres Vorhabens nach unserer Voraussicht einen Schaden oder Verlust erleiden. Erst wenn dies restlos geklärt ist, können wir zur Fixierung unseres Gedankens schreiten, indem wir ihn niederschreiben. Es genügen an sich nur Stichworte, ein Satz oder eine Kurzfassung. Alles muß aber klar und deutlich sein. Zweideutigkeiten dürfen nicht in der Formulierung enthalten sein, da oft sonst das Gegenteil des gewollten Erfolges eintritt.

Reinigung
Mit dieser Reinigung ist die geistige Reinigung, die Selbstreinigung gemeint, die einer Selbstanalyse ähnlich ist. Wir offenbaren uns, um danach gereinigt und geläutert opfern zu können.
Wir haben alle irgendwie unangenehme Vorfälle gehabt, teils durch unsere, teils durch die Schuld anderer, die in uns ein Gefühl des Neides, des Zornes, der Eifersucht und der Vergeltung hinterlassen haben. Alle diese Vorfälle, die negativen Gefühle in uns hervorgerufen haben, müssen bei der geistigen Selbstreinigung wieder in unser Oberbewußtsein gebracht werden und dabei an unserem geistigen Auge vorbei-

ziehen, wie garstig sie auch waren. Es darf nichts ausgelassen werden.

Sobald nun diese negativen Bilder an uns vorüberziehen, werden wir wahrscheinlich alles nochmals durchleben. Dabei haben wir aber die Chance, daß wir jedem der vorüberziehenden Bilder etwas vom Bösen, Garstigen wegnehmen können, indem wir barmherzige harmonische und liebevolle Worte jedem Bild hinzufügen. Es ist dabei egal, wie garstig das Vorkommnis war und ob wir daran schuld waren oder nicht. Durch dieses Hinzufügen von positiven Gedanken mildern wir nachträglich noch die Ereignisse und veranlassen unser Oberbewußtsein, sich weiter nicht mehr darum zu kümmern. Das hilft uns weiter in der Richtung zum Schweigen hin.

Erst dann, wenn wir alle negativen Bilder positiv aufgeladen haben und wir die in uns entstandenen Gefühle mit voller Absicht gemildert haben, können wir weitergehen.

Vergebung und Toleranz

Ein Gefühl des Verständnisses soll in uns lebendig werden. Wir sollen uns bemühen, die Schwächen der Menschen und ihrer Natur zu erkennen, die die negativen Gefühle in uns hervorgerufen haben. Lassen wir Mitgefühl und Vergebung die Stelle der Feindschaft einnehmen und ein Gefühl der Toleranz in uns aufkommen, so daß wir die früheren, negativen Gedankengänge gerne aus unserem Oberbewußtsein entlassen. Wenn diese Gefühle in uns lebendig werden und Gestalt annehmen, dann haben wir uns geistig gereinigt, haben das Ritual der innerlichen Reinigung vollzogen, das zur Vorbereitung vor **jede** Meditation gehört.

Opferung
Unsere Vorbereitungen müssen weiterschreiten, wir kommen jetzt zur Zeremonie der Opferung, die von vielen Menschen bewußt übergangen wird, vielleicht auch unbewußt, da viele deren Bedeutung nicht kennen oder den Sinn einer Opferung nicht einsehen. Wie dem auch sei, der Meditierende muß sich daran gewöhnen, daß das Opfer zu den notwendigen Vorbereitungen gehört. Wenn man empfangen will, so muß man zuerst opfern. Dies ist ein kosmisches Gesetz, das von niemand außer Kraft gesetzt werden kann. Das Leugnen oder Verleugnen dieses Gesetzes hilft nichts! Es existiert und bewahrheitet sich immer wieder aufs Neue. (Die Rosenkreuzer haben dieses Gesetz immer beachtet und zum Bestandteil ihrer Lehren gemacht).
Wir müssen uns dem Schöpfer, dem Gott unseres Herzens und Herrn unserer Seele opfern. Wir müssen uns IHM darbieten und überlassen, ohne jeglichen Vorbehalt, damit ER über uns verfügen kann. Diese Darbietung unseres Selbst soll durch eine kleine feierliche Zeremonie geschehen, die durch ein Gebet bekräftigt wird. Es bleibt jedem Meditierenden überlassen, wie er diese feierliche Zeremonie und auch das Gebet gestaltet.
(Die Rosenkreuzer befolgen im Allgemeinen Folgendes: Eine Kerze wird entzündet und ein Kegel des Rosenkreuzer-Weihrauches daran zum Glühen gebracht. Man steht oder sitzt schweigend davor und

spricht voll Dankbarkeit ein Gebet, das unser Opfer anbietet und mit dem man dem Schöpfer aller Dinge und Wesen huldigt.)

Das Gebet
Das Gebet kann einfach und kurz sein. Es muß aber von dem Meditierenden selbst sein! Er muß es mit eigenen Worten zusammengesetzt haben, die aus seinem Herzen kommen und von seinem Gefühl getragen und geprägt worden sind. Es ist gut, die Gebete großer Männer und Frauen der Vergangenheit öfters zu lesen, damit das eigene Denkvermögen angeregt wird, um aus dem Innern heraus eigene kleine Gebete zusammenzustellen. Diese eigenen Gebete müssen dann auch benützt werden, je öfter, desto besser. Daß ein solches Gebet nur im Rahmen der persönlichen Opferung gebracht wird, müßte einleuchten. Auch darf es sonst niemand zur Kenntnis gebracht werden, denn es ist etwas, das nur uns gehört, das nur wir selbst gebrauchen. So ein Gebet muß, wie schon gesagt wurde, mit reinem Herzen und ohne jegliche Nebenabsicht dargebracht werden, sonst ist es nutzlos. Auch das automatische Hersagen wie eine Litanei etwa hat ebenfalls keinerlei Wert und bringt keine positiven Wirkungen hervor. Dies muß unbedingt beachtet werden.

Das große Schweigen
Nachdem wir uns selbst auf die beschriebene Weise geopfert haben, wird es wesentlich stiller in uns und um uns werden. Langsam können wir in das große Schweigen eintreten, das die Vorstufe zur absoluten

Stille ist. Der Eintritt ins Schweigen erfolgt, indem man sich von allem, was unsere Umwelt und Dasein anbelangt, freimacht, daß man sozusagen völlig abschaltet. Der Anfänger hat natürlich mit dem Abschalten zunächst seine Schwierigkeiten, doch fortlaufende Übung bringt ihm diesem Schweigezustand immer näher, bis er ihn eines Tages mühelos erreicht.

Zunächst müssen alle Muskeln entspannt werden, man muß sich der äußeren Eindrücke erwehren, um dann auch die Ruhe der inneren Gedanken und Ideenwelt herzustellen. Nach und nach wird dies gelingen, sodaß man mit der Zeit den Zustand des Schweigens in wenigen Minuten erreicht.

Auch der bestimmte Gedanke, der uns so sehr beschäftigt und über den wir mehr Erleuchtung haben wollen, darf uns jetzt nicht mehr behelligen, denn er liegt ja fest und ist aufgeschrieben. Dafür war die Phase der Konzentration zuständig. Des Gedankens wegen wollen wir ja meditieren. Aber im Zustand des Schweigens dürfen wir auch an ihn nicht mehr denken, sonst erreichen wir das GROSSE SCHWEIGEN und die ihm folgende STILLE nicht.

Während des Schweigens wird es dann immer ruhiger um uns werden, so daß wir nicht mehr fühlen, noch überhaupt daran denken, wo wir sind und wer wir sind. Es wird so ruhig werden, daß wir gar keine Empfindung mehr von uns selbst haben, daß wir gar nicht mehr empfinden, ob wir überhaupt sind.

(Die Rosenkreuzer benützen seit alters her nach der Opferung und noch vor dem Eintritt ins Schweigen eine bestimmte Wortkombination, die sie langsam, aber bewusst und mit bestimmter Betonung aussprechen. Diese Wortkombination und ihre bewußte Aussprache beruht auf der teils hervorbringenden und teils verteilenden Kraft der ausgesprochenen Worte, die in östlichen Systemen der Meditationslehren „Mantra" heißen.)

Meditation
Durch das große Schweigen, durch die Ruhe in uns und um uns erheben wir uns auf die psychische Ebene, auf die Zwischenebene, von der wir sprachen, wo uns die Verbindung mit dem Kosmos, mit dem All, gelingen soll: Die Meditation.
Vor dem Eintritt in das GROSSE SCHWEIGEN müssen wir uns selbst, das heißt: unser Oberbewußtsein muß dem Unterbewußtsein befehlen, daß die psychische Ebene erreicht werden soll und somit der Zustand der Meditation. Das Oberbewußtsein muß aber beginnen, sich vorzubereiten.
Wenn beide Phasen unseres Bewußtseins die Zwischenebene erreicht haben, erleben wir bewußt diese Verbindung mit der Allseele, mit dem Kosmos. Es sind zwar immer nur wenige Sekunden, während die beiden Teile unseres Selbst ineinander fließen und alles gegenseitig austauschen, was über den bewußten Gedanken in Erfahrung gebracht worden ist.
(Die Rosenkreuzer lehren, daß das gesamte Weltall dualer, zweifacher Natur ist und somit auch das Selbst des Menschen, das in Unterbewußtsein und Oberbewußtsein unterteilt wird.)
Diese beabsichtigte Verbindung mit dem Kosmos, dem Ewigen, EINEN, geschieht während der absoluten Stille, die dem großen Schweigen folgt. Voraus-

setzung zur Erreichung dieses Zustandes ist also, daß man ganz passiv und aufnahmebereit ist. Nichts darf gedacht, nichts gefühlt werden, man darf sich seines Selbst nicht mehr bewußt sein. Ganz in sich selbst muß man versunken sein, um wahrhaftig in die absolute Stille eintreten zu können. Eine Art Stillstand, eine große Ruhe überkommt uns. Nach einer Weile der absoluten Stille, also Ruhe, überkommt uns langsam das Gefühl, daß eine Verbindung mit dem Kosmos stattgefunden hat. Es ist vielleicht, als ob uns fröstelt, doch dann zieht plötzlich eine wohltuende Wärme durch uns und wir empfinden ein Gefühl des Glückes und der Harmonie. Diesem Zustand folgen dann die Eingebungen, intuitiv erfühlte Ideen in Form von Worten oder Gedanken. Die vollständige Lösung unseres Problems, die einzig richtige Antwort auf unsere Frage oder auch die Ergänzung unseres Gedankens, über den wir mehr Erleuchtung haben wollten, kommt auf uns zu.

Kosmische Lösung
Sehr oft erfolgt sie Antwort durch das plötzliche Auftauchen eines Symbols, das wir kennen oder um dessen genaue Entzifferung wir uns bemühen müssen. Häufiger erhalten wir als Antwort eine Mitteilung oder den Hinweis auf ein kosmisches Gesetz, das wir kennen und anwenden müssen. Es wird uns auf keinen Fall mitgeteilt, was wir tun sollen, sondern wir müssen über das uns Mitgeteilte nachdenken und das Resultat in Verbindung mit unseren Gedanken bringen, der der eigentliche Gegenstand unserer Meditation war.

Unser Inneres wird uns Gewissheit geben, daß wir die richtige Antwort erhalten haben, denn es täuscht uns nicht. Zusammen mit der Antwort wird ein besonders angenehmes und erhabenes Gefühl über uns kommen, das uns gleichzeitig die kosmische Lösung unseres Problems übermittelt. Ein Gefühl der Ruhe, der Ausgeglichenheit und des Glücks breitet sich auf unserem gesamten Körper aus. Eine große Erleichterung wird uns überkommen. Verbunden mit der Gewißheit eines enormen Vertrauens in den Kosmos und seine Kraft. Wir werden uns unseres Wissens und unserer Überzeugung bewußt!

Besinnung
Wenn das Gefühl der Übereinstimmung und des Vertrauens uns überkommt, wissen wir, daß der Kontakt vorbei ist und wir uns in der Phase der Besinnung befinden. Es kommen jetzt Gedanken und Empfindungen auf uns zu, die alle mit der Lösung unseres Problems, mit der Erleuchtung über den bewußten Gedanken zu tun haben. Unser Unterbewußtsein hat sich bereits zurückgezogen und das Oberbewußtsein befindet sich noch auf der Zwischenebene, auf der psychischen Ebene. Das Oberbewußtsein muß jetzt alles aufnehmen und registrieren, was ihm eingegeben wird und das Unterbewußtsein frei gesetzt hat. So lassen wir in der Phase der Besinnung die Empfindungen, Gedanken und Ideen auf uns einwirken. Seien wir bestrebt, die stärksten von Ihnen im Gedächtnis zu behalten.
Die Phase der Besinnung kann unterschiedlich lang sein, hängt aber in jedem Falle von der Vorberei-

tungszeit und der uns zur Verfügung stehenden Gesamtzeit der Meditation ab.

Die Phase der Besinnung ist wichtig. Niemals sollte eine Meditation ohne diese Besinnungsphase durchgeführt werden.

Wenn wir die Besinnung beenden, so verlassen wir auch die Zwischenebene und kehren langsam auf den irdischen Boden zurück – wir werden uns wieder unseres zweifachen, dualen Selbst bewußt und öffnen unser Oberbewußtsein wieder der Umwelt. Wir bedanken uns mit wenigen wohlgemeinten Worten bei den unsichtbaren Meistern für diese erhabene Stunde.

Nach der Besinnung
Es ist unbedingt nötig, daß die stärksten Regungen und Empfindungen niedergeschrieben werden, wozu wir schon zu Beginn der Vorbereitungen zur Meditation genügend Notizpapier und Schreibgerät zurechtgelegt haben. Wir müssen auch weiterhin auf alle in uns einströmenden Gedanken achten und die Ideen, die noch auf uns zukommen, fein säuberlich registrieren. Danach müssen wir alles nochmals durchgehen, im Einzelnen überprüfen, inwiefern diese Dinge mit unserem Problem, unserem Gedanken zusammenhängen. Alles muß mit dem Meditationsgrund in Zusammenhang gebracht werden, nichts darf als separat angesehen werden, was da in dieser Verbindung alles auftaucht. Dann müssen die nötigen Schritte nochmals überprüft und alsbald in die Tat umgesetzt werden.

Nur auf diese Art und Weise kann die Meditation eine Hilfe sein, denn sie ist immer nur Mittel zum Zweck, niemals Zweck selbst.

Die Erfahrungen anderer Menschen werden, von welchem wissenschaftlichen Interesse und Wert sie auch sein mögen, niemals unsere eigenen Erfahrungen ersetzen können. Es genügt also nicht, nur zu wissen, was andere für Erfahrungen mit der Ausübung der Mediation gesammelt haben. Unsere eigenen Erfahrungen mit dieser Meditation erst lassen uns den wirklichen Wert derselben erkennen. Der hauptsächliche Wert der Erfahrungen anderer besteht für den ernsthaften Forscher darin, daß sie seine eigenen Erfahrungen in etwa bestätigen.

Praktische Anwendung

In diesem zweiten Teil gehen wir zur praktischen Anwendung der Meditation über, wie sie die Rosenkreuzer seit langer Zeit lehren. Es ist ratsam, zunächst den Ablauf dieser Übung vollständig durchzulesen, um sich ein Gesamtbild vom Verlauf derselben zu machen. Die im ersten Teil erwähnten Vorbereitungen müssen nacheinander, in der richtigen Reigenfolge, durchgeführt werden.

Dem geneigten Leser sei geraten, sich zunächst genau an die Anweisungen zu halten. Seinem Fortschritt ist es dienlich.

Vorbereitung
Die Meditation ist ein Mittel zum Zweck. Um nun den richtigen Erfolg hierbei zu erreichen ist es wichtig, daß man über **einen** Gedanken oder über nur **ein** Problem meditieren soll. Später, wenn man erfolgreicher ist und sich in der Praxis der Meditation auskennt, kann man Gedankenkombinationen als Meditationsgrundlage nehmen.

Man nimmt also zunächst nur einen Gedanken als Grundlage zum Meditieren, einen Gedanken, über den wir mehr wissen möchten, oder **ein** Problem, das uns sehr beschäftigt. Es muß eine exakte Vorstellung im Meditierenden vorhanden sein, warum er mehr über etwas wissen will. Der Gedanke muß also klar und eindeutig ausgesprochen oder mit wenigen Worten niedergeschrieben werden können. Flüchtige Gedanken oder halbe, vage Vorstellungen werden auch nur solche Antworten und Hinweise hervorbringen, mit denen man gar nichts anfangen kann.

Noch ehe man an die Meditation überhaupt denkt, sollte man sich mit dem betreffenden Problem oder Gedanken eingehend beschäftigen und versuchen, alles hiermit Zusammenhängende, das man darüber schon weiß, zu analysieren. Dadurch kann sich der Gedanke besser herauskristallisieren, über den wir mehr wissen wollen. Ist dieser Gedanke dann klar umrissen, liegt er fest, dann muß erst geprüft werden, ob er auch ethisch und moralisch einwandfrei ist. Auch muß festgestellt werden, daß nach menschlichem Ermessen durch eine eventuelle Verwirklichung niemand auch nur im Geringsten geschädigt wird, sei es nun materiell oder geistig. Erst wenn die Rechtschaffenheit unseres Vorhabens einwandfrei ist und wir davon überzeugt sind, daß wir alle diese Kriterien angewandt haben, und erst wenn wir uns der Verantwortung für unser Vorhaben bewußt sind, dann dürfen wir weitergehen. Vorher nicht!

Es muß hier unbedingt vermerkt werden, daß sich die Konzentration über einen Gedanken, über ein Problem mehrere Tage lang hinziehen kann. Man darf nicht zur Meditation schreiten, ehe man den Vorgang der Konzentration nicht restlos abgeschlossen hat. Die Meditation ist sozusagen ein SEINS-Zustand, der bewußt herbeigeführt wird und der mit Verantwortung beladen ist. Meditation ist keine Entspannung! Entspannung muß schon vor der Meditation stattfinden, denn in einem verkrampften oder angespannten Zustand ist eine Meditation nicht möglich.

Hat nun im Verlaufe des Konzentrationsprozesses sich ein Gedanke klar und rein herauskristallisiert, über den wir unbedingt noch mehr wissen müßten,

so schreiben wir diesen auf, so wie man ihn versteht. Damit hat man sich auf die erste Stufe vorbereitet und kann dann beginnen, den Platz, an dem die Meditation durchgeführt werden soll, herzurichten.
Man hat dafür zu sorgen, daß der Raum gut gelüftet ist, ebenso um einen störungsfreien Ablauf des Vorhabens. (Klingel und Telefon werden abgestellt etc.). Den Angehörigen sagen wir freundlich und bestimmt, daß man für die nächste Zeit (genaue Angaben machen und mindestens eine Stunde einplanen) nicht gestört sein möchte und bittet um Verständnis dafür, daß die Türe vorsichtshalber verschlossen wird.
Es muß hier eingeflochten werden, daß wir unseren Angehörigen gegenüber ehrlich sein müssen und ihnen erklären, daß wir nun etwas Ruhe benötigen, da wir meditieren wollen. Zu diesem Zweck müssen wir unsere geistigen Kräfte sammeln und dürfen daher nicht gestört werden. Wenn wir mit unseren Angehörigen im guten Einvernehmen leben und wenn wir eine liebevolle, tolerante Natur sind, werden uns die Angehörigen sicher keinerlei Hemmnisse in den Weg legen, unsere Meditationsstunde durchzuführen. Daher müssen wir **vor** einer Meditation unsere Angehörigen bitten, uns während der nächsten Stunde nicht zu stören. Daher wird es auch nötig sein, unseren Angehörigen einiges über Meditation zu sagen, besonders auch etwas über den Verlauf, die Vorbereitungen etc. Es ist angebracht zu erwähnen, daß durch Entspannung und Meditation der Mensch im Allgemeinen befähigt wird, bessere Taten zu vollbringen und zu bewirken, daß sein Wesen harmonischer und liebenswürdiger wird. Es ist natürlich auch

an uns, unseren Angehörigen zu beweisen, daß wir besonders nach unseren Meditationsstunden angenehmer im Umgang werden, daß wir nicht mehr so garstig sind wie seither, wenn man uns mal störte oder wenn nicht alles so verläuft, wie wir uns das vorstellen. Wenn wir durch die Meditation mehr Erleuchtung erfahren, so wird sich dies auch im alltäglichen Leben widerspiegeln, wir werden nach und nach höflicher und friedvoller und für unsere Umgebung – wie immer diese auch sein mag – Verständnis aufbringen. Auch müssen wir uns bemühen, in allen Lebenslagen ein vorbildlicher Mensch zu sein. Denn ein harmonischer und friedvoller Mensch wird auch so zu seiner Umgebung sein und nicht nur im Kreise von Gleichgesinnten. Der Friede und die Harmonie auf dieser Welt beginnt bei jedem Einzelnen, mit seinen Gedanken und Taten. Alle Bemühungen von Organisationen zerfallen in ein Nichts, wenn es nicht gelingt, in jedem einzelnen Menschen Friede und Harmonie zu errichten. Äußere Umstände können viel dazu beitragen, ein harmonisches Leben zu führen. Doch wo der innere Friede und die Harmonie fehlen, dort kann es keine Toleranz geben trotz aller äußeren Harmonie.

Der geneigte Leser wird einsehen, daß Meditation viel zu innerem, wahren Frieden beitragen kann, wenn der Meditierende versucht, die harmonischen Erlebnisse auf seine Welt zu übertragen. Wer mit sich in Frieden lebt, wird auch mit anderen Menschen friedlich zusammenleben, der wird Toleranz üben und für alles Verständnis aufbringen; er weiß, daß jeder diese Erfahrungen erst am eigenen Leib verspüren muß, ehe er von sich sagen und behaupten kann, daß er ein friedlicher Mensch sei.

Das heutige Gerede vom „Umweltschutz" beginnt ebenfalls beim Einzelnen, durch dessen vorbildliche Taten andere angeregt werden können, gleich ihm sich in diesen Dingen zu üben. So ist es oberste Pflicht eines Menschen, der sich auf dem Pfade zum Licht befindet, ein nachahmungswürdiges Vorbild für seine Mitmenschen zu sein, damit das Ziel, eine harmonische und friedvolle Welt, auch verwirklicht werden kann.

Daher ist es gut, unseren nächsten Angehörigen, die mit uns in häuslicher Gemeinschaft leben, stets die Wahrheit über unsere Vorhaben zu sagen – was nicht zu Details verpflichtet – aber doch so, daß man hinter unserem Rücken nicht böse wird und über unsere „Verrücktheiten" schimpft. Versuchen wir, offen und ehrlich zu sein.

Wenn wir uns nun im guten Einverständnis mit unseren Angehörigen zurückgezogen haben, können wir mit den weiteren Vorbereitungen beginnen: Wir richten unseren Tisch oder unsere Kommode so her, wie wir dies mögen. Folgende Gegenstände sollten dabei nicht fehlen: Eine Kerze in einem standfesten Kerzenhalter aus Metall, möglichst Messing, ein Kerzenlöscher, ein Räuchergefäß, Räucherwerk und Zündhölzer. Auch sollte man für Schreibpapier und Notizpapier sorgen. Eine kleine Spardose oder ein ähnlicher Behälter (Kassette etc.) sollte bereit stehen, um hier das von uns zu opfernde Geld aufzunehmen. Wenn

diese Spardose geleert wird, sollte mit dem gesammelten Geld eine Wohlfahrtsorganisation, ein notleidender Mensch oder eine Familie unterstützt werden. Der Inhalt dieser Spardose darf **keinesfalls** für eigene Zwecke verwendet werden! Den Tisch oder die Kommode, an der wir unsere Verbindungsaufnahme vornehmen wollen, können wir so herrichten, wie wir das möchten. Eine schöne Decke kann als Unterlage dienen, auch dürfen Blumen dazugestellt werden, ganz so, wie wir glauben, daß es uns hilft, die Verbindung intensiver und besser herzustellen.
Alle die Gegenstände wie Kerzen, Kerzenlöscher etc., die wir für diese Meditationsstunde verwenden, sollten stets mit eigener Hand gepflegt und gehegt werden und sollten nicht für andere Zwecke eine Verwendung finden.
Beim Herrichten unseres Meditationsplatzes sollte der von uns zu Papier gebrachte klare Gedanke natürlich nicht fehlen.

Entspannung
Nachdem wir alles hergerichtet haben, nehmen wir unseren Platz ein, so bequem wie möglich, aber auch nicht zu bequem. Nichts soll uns hinderlich sein. Den niedergeschriebenen Gedanken lesen wir noch einmal durch und vergewissern uns, daß wir nichts vergessen haben. Damit versuchen wir, uns zu **entspannen**. Alle Muskeln werden gelöst. Man fängt am besten bei den Füßen an und entspannt nach und nach alle Muskeln. Die Atmung erfolgt dabei ganz normal, so wie man immer atmet. Nur das Ausatmen geschieht bewußter und nachdrücklicher, so als ob man

alle Luft aus sich herauspressen wollte. Dabei gebietet man allen Gedanken Einhalt, neue geistige Eindrücke werden abgewehrt und die noch vorhandenen langsam zum Stillstand gebracht. Nur der Gedanke, über den wir mehr Erleuchtung haben möchten, darf für uns noch existieren. Wir lassen ihn nochmals vor unserem geistigen Auge passieren und verstärken ihn dabei mit unserem Gefühl. Dann entlassen wir auch diesen Gedanken aus unserem Gedächtnis, damit wir ganz frei werden, tatsächlich gelöst.

Wenn dieser Entspannungszustand erreicht ist, gehen wir über zur nächsten Stufe, der Reinigung. Dabei unterziehen wir uns der geistigen Selbstreinigung.

Reinigung
Jetzt, da wir durch die Entspannung ganz ruhig und gelassen sind, entzünden wir die Kerze und betrachten für einige Augenblicke ihre strahlende Schönheit (es ist am besten, wenn wir jegliche andere Beleuchtung im Raume ausschalten, damit das Zimmer, in dem wir uns befinden, nur durch den Schein der Kerze erhellt wird).

Jetzt kommt der Zeitpunkt, wo wir alle unangenehmen Vorfälle der letzten Zeit, die uns noch immer beschäftigen und die noch nicht bereinigt sind, an unserem geistigen Auge vorbei ziehen lassen. Alle, aber auch restlos alle unangenehmen Vorfälle müssen aus dem Gedächtnis hervorgeholt werden. Solche, die in uns Gefühle des Neides, Zornes, der Eifersucht und Vergeltung aufkommen lassen. Dabei spielt es keine Rolle, ob diese Vorfälle allein durch uns oder durch andere verursacht worden sind. Maßgebend ist, daß wir irgendwie daran Anteil hatten, sonst wüßten wir es ja nicht.

Wenn diese unangenehmen Bilder nun vor unserem geistigen Auge wieder auftauchen, müssen wir sofort versuchen, alles darin enthaltene Unschöne und Mißliche zu mildern. Dies kann geschehen, indem wir jede einzelne Szene mit harmonischen und liebevollen Gedanken versehen. Dadurch werden diese Erscheinungsbilder etwas gemildert, was unser Gemüt auffrischt und unsere Sehnsucht nach Ruhe und Frieden unterstützt. Es sind die vergangenen Dinge unangenehmer Art, die unser Gemüt belasten, die uns den Weg nach innen verbauen und die uns am großen Schweigen hindern. Das große Schweigen aber ist die Vorstufe zur absoluten Stille und zur richtigen und bewußten Verbindung mit dem Kosmos, mit der Allseele. Nur ein unbelastetes Herz und ein gereinigtes Gemüt können sich der bewußten Opferung ganz hingeben.

Durch die nachträgliche harmonische Behandlung der vergangenen Geschehnisse können wir auch erreichen, daß unsere Gegner und Feinde – gedanklich – durch diese nachträgliche Harmonisierung erreicht werden und ihrerseits auch bestrebt sind, diese unangenehmen Vorfälle so gut wie möglich zu begraben.

Wenn alle negativen Bilder der Vergangenheit nun durch positive Gedanken bewußt gemildert worden sind, haben wir auch unser „Karma" im guten Sinne beeinflußt. Wir sind dann für die nächste Stufe, für die Opferung wohl vorbereitet.

Die Opferung
Ein kosmisches Gesetz besagt: „Wenn man nehmen will, so hat man zuerst zu geben. Man gebe aber nur, wenn man sich gereinigt hat". Das heißt also: Keine Hintergedanken, keine Untugenden im Sinne dabei haben. Dieses Gesetz wird von vielen esoterischen Organisationen, natürlich auch von den Rosenkreuzern, in hohen Ehren gehalten.

Opferung im kosmischen Sinne bedeutet, sich Gott, dem Schöpfe anheim zu geben. In feierlicher Form hat man sich ihm darzubieten, ganz so, wie man ist und ohne jeglichen Vorbehalt. Gott soll über uns verfügen können. Wenn dieses OPFERN aus einem reinen Herzen kommt, so wird diese Gabe dankbar angenommen. Man falle aber nicht in die Versuchung zu glauben, daß durch eine geistige Opferung schon alles erledigt sei. Die materielle Opferung hat auch zu erfolgen. Als erstes äußeres Zeichen einer solchen Opferung stecke man eine Münze oder Geldschein, ganz unseren Verhältnissen entsprechend, in die dafür bereitstehende Opferkassette. Den Inhalt derselben darf man niemals für sich selbst verwenden, sondern nur ausschließlich zur Linderung der Not der Nächsten. (Die Rosenkreuzer kennen das Gesetz von AMRA, das den altjüdischen Mysterien entlehnt, aber seinen Ursprung in Ägypten hatte).

Mit langsamer Gebärde und Bedacht zünden wir einen Kegel des Räucherwerkes an der bereits brennenden Kerze an und legen den glimmenden Kegel (er darf nicht brennen) in das bereitstehende Räuchergefäß. Dann sprechen wir halblaut **unser** Gebet, mit dem man sich Gott darbietet, damit SEIN Wille geschehen kann. Dieses Gebet sollte jeder selbst verfasst haben, denn das Nachsagen eines von anderen erdachten Gebetes hat für den Opfernden wenig Wirkung, denn es kommt ja nicht aus dem eigenen seelischen Bereich.

Ein Gebet erreicht aber nur die beabsichtigte Wirkung, wenn der Opfernde es aus sich selbst heraus mit lauterem Herzen, ohne alle Nebenabsichten, vorbringt. Als Beispiel sei hier ein Text angeführt, der als Anregung für eigene Gebete dienen soll:

„Gott meines Herzens, laß mich erfüllt sein
Von dem ewigen Bestreben, DIR zu dienen.
Dir, o Schöpfer aller Wesen und Dinge biete ich
Mein Selbst als Opfer an.
Verfüge darüber nach DEINEM Gutdünken
und betrachte mich als DEINEN Diener.
So geschehe es."

Nachdem das Gebet gesprochen wurde, muß man folgendes dreimal hintereinander durchführen:
Einatmen, Atem etwas anhalten und dann langsam wieder ausatmen. Beim Ausatmen flüstert man die Worte: „Gott meines Herzens, ich bin DEIN Diener."

Das große Schweigen

Es wird jetzt wesentlich stiller im Opfernden werden und auch um ihn herum, denn sein Herz und seine Gedanken beginnen zu schweigen. Es ist dies der Zeitpunkt, wo man der Aktualität der Umwelt entrückt, wo man sich von den Äußerlichkeiten zurückzieht. Von allen Gedanken und Gefühlen muß man sich befreien, so daß man gewissermaßen schwerelos wird. Alles um einen herum muß jetzt ruhig werden, man darf nicht mehr fühlen was man ist, wer man ist und wo man sich befindet.

Meditation – kosmischer Kontakt

Durch den Zustand des Freiseins, der Schwerelosigkeit, des Grenzlinienzustandes, erhebt man sich auf die Zwischenebene, auf die psychische Ebene, wo vollkommene Stille herrscht. Auf dieser Ebene geschieht dann der bewußt herbeigeführte Kontakt zwischen dem Oberbewußtsein und dem Unterbewußtsein. Für wenige Sekunden nur werden beide Bewußtseinsbereiche miteinander verbunden sein, um gegenseitig alles auszutauschen, was über den bestimmten Gedanken, der Gegenstand der Konzentration war, ausgetauscht werden kann.

Eine nicht mit Worten zu beschreibende Harmonie und Ruhe durchströmt dann den Meditierenden schon nach kurzer Zeit und er kann fühlen, daß ein Kontakt stattgefunden hat. Es ist ein eigenartiges Gefühl des Friedens und der Gelassenheit, ja einer bestimmten Sicherheit, das mit wörtlichen Schilderungen nicht erfaßt werden kann.

Absolute Ruhe ist die Voraussetzung dafür, daß man dem Unterbewußtsein Gelegenheit geben kann, sich mit dem Oberbewußtsein richtig zu verbinden. Durch den Zustand der Stille erst wird es dem Oberbewußtsein möglich, sich auf die psychische Ebene zu erheben, wo der Kontakt mit dem Unterbewußtsein sofort aufgenommen werden kann. Das Unterbewußtsein wartet immer auf diesen Kontakt, der aber vom

Oberbewußtsein eingeleitet werden muß. Das Oberbewußtsein muß also die ersten Schritte hierzu einleiten.

Der geneigte Leser wird erkennen, daß die Stille und das Schweigen eine unbedingte Voraussetzung für den Kontakt der beiden Bewußtseine sind, die wir mit MEDITATION benennen.

Die kosmischen Kontakte, während das Unterbewußtsein mit seiner ständigen Verbindung zum Kosmos sich mit dem Oberbewußtsein verbindet, dauern immer nur wenige Sekunden. Das Unterbewußtsein löst diese Verbindung wieder und zieht sich wieder zurück. Das Oberbewußtsein, das sich noch auf der psychischen Ebene befindet, wo Ruhe und Stille herrschen, verharrt noch im Schweigen. Ganz allmählich nur sollte es sich dort lösen und in die Phase der Besinnung eintreten.

Die Phase der Besinnung
Langsam kehren jetzt die Gedanken zurück und es heißt, aufnahmebereit zu sein, da viele Gedanken und Eingebungen in das Oberbewußtsein einströmen. Alle diese Ideen und Fragmente müssen später mit dem Gedanken in Beziehung gebracht werden, über den mehr Erleuchtung erlangt werden sollte.

Es muß hier wiederum erwähnt werden, daß das Unterbewußtsein uns keine fertigen Gedanken und Antworten liefert, die wir sofort verstehen könnten. Das Unterbewußtsein spricht zu uns vornehmlich durch die Sprache der Symbole. Gedanken und Empfindungen, die uns während der Phase der Besinnung erreichen, müssen nach Beendigung des gesamten

Meditationsvorganges erst untersucht werden, inwiefern sie mit dem erwählten Gedanken oder Problem in Verbindung gebracht werden können.
Der geneigte Leser wird einsehen, daß die Phase der Besinnung eine sehr wichtige Stufe im Meditationsvorgang ist und daß man gerade kurz nach dem Kontakt besonders aufnahmebereit sein muß gegenüber neu aufkommenden Gedanken und Empfindungen. Es ist aber auch wichtig, daß das Oberbewußtsein nach dem Kontakt noch eine geraume Weile im Schweigen und somit auf der psychischen Ebene verweilt, damit die Gedanken und Empfindungen, die dem Kontakt entspringen, leichter und ungetrübter einströmen können, denn sie sollen ja zur Lösung des betreffenden Problems, zur Erhellung des Gedankens beitragen.
Die Phase der Besinnung kann unterschiedlich lang sein, sie hängt ganz mit der zur Verfügung stehenden Zeit zusammen und mit den dafür benötigten richtigen Vorbereitungen.

Beendigung des Meditationsvorganges
Wenn die Phase der Besinnung beendet wird, verläßt man die psychische Ebene und kehrt auf den irdischen Boden zurück. Mit einem innigen Dank soll man sich von seinem Schöpfer lösen. Die Kerzen werden mit dem Kerzenlöscher gelöscht, die Meditationsperiode ist beendet.
Zur Kenntnisnahme: Eine zu Meditations- oder Ritualzwecken benütze Kerze darf niemals ausgeblasen werden. Man muß sie feierlich mit einem Kerzenlöscher auslöschen. Das Ausblasen der Kerze käme,

symbolisch gesehen, der Auslöschung des Lebensodems mittels unseres Atems gleich. Unser Atem aber ist der Odem des Lebens und das Feuer, das durch die brennende Kerze symbolisiert wird, ist die Kraft des Lebens. Das eine darf das andere nicht verdrängen.

Notizen und Aufzeichnungen
Die normale Raumbeleuchtung oder auch eine Lesebeleuchtung kann jetzt wieder eingeschaltet werden, damit ausreichend Licht zur Aufzeichnung der Gedanken und Empfindungen vorhanden ist, die während der Phase der Besinnung dem Oberbewußtsein eingegeben worden sind.
Das vorher zurechtgelegte Notizpapier und das Schreibgerät leisten uns jetzt gute Dienste. Es muß alles notiert werden, was wert erscheint, aufgeschrieben zu werden. Dann erst wird alles analysiert und untersucht, inwiefern es mit dem gewählten Gedanken oder Problem im Zusammenhang steht, dessentwegen ja meditiert wurde.
Wenn man Zusammenhänge feststellen kann, so muß überlegt werden, welche Schritte zunächst unternommen werden, ehe man zur Ausführung, zur Tat, übergeht.
Das Durchdenken und Planen der nötigen Schritte sollte aber erst einige Tage nach dem Kontakt in Angriff genommen werden, denn dies ist die bessere Lösung. Alles auf einmal zu unternehmen verwirrt meistens nur und bringt falsche Schritte und Vermutungen hervor. Liegen aber mehrere Tage zwischen Meditation und Planen künftiger Schritte, so werden

auch weitere Gedanken und Empfindungen auf das Oberbewußtsein zukommen, die ebenfalls noch verwertet werden können.

Es ist auch nicht ausgeschlossen, daß während oder nach der Phase der Besinnung Gedanken und Empfindungen wahrgenommen werden können, die mit dem eigentlichen Meditationsgedanken oder Problem nichts zu tun haben. So scheint es zunächst jedenfalls.

Durch das Notieren aller Gedanken und Ideen gleich nach der Phase der Besinnung gibt es jetzt die Möglichkeit, nochmals Vergleiche anzustellen und alle Ideen auf ihre Brauchbarkeit zu überprüfen.

Auch wenn das Problem schon gelöst ist, über das meditiert wurde, so können doch die anderen, nicht damit in Zusammenhang stehenden Gedanken und Eingebungen, die notiert wurden, überraschenderweise doch mit dem Problem oder Gedanken, wenn auch in entfernter Beziehung, in Zusammenhang stehen. Hier ist die Möglichkeit gegeben, daß interessante Lösungen vieler unserer Probleme offenbar werden, was große Überraschungen auslöst.

Auf diese Art und Weise ist die MEDITATION ein großer Helfer bei der Lösung oft schwieriger menschlicher Probleme und Situationen.

Schlußwort

An dieser Stelle muß ich eine Warnung aussprechen: Die Ausübung der Meditation kann uns helfen, ein neues Lebensgefühl zu erhalten. Es kann uns der Weg gewiesen werden zu einem anderen Dasein, das harmonisch mit den Kräften der Natur einhergeht.

Die Meditation kann Wege aufzeigen, wie der Mensch menschlicher wird, wie er mit aufbauenden, geeigneten Mitteln sein Leben gestalten kann. Der Meditierende darf aber niemals die Meditation als Weltflucht ansehen, im Gegenteil. Er muß durch die Meditation erkennen, was er alles noch leisten muß, was er beizutragen hat zur Gestaltung eines menschlichen Lebens. Meditation ist kein Müßiggang und kein Endstadium! Meditation ist nur ein Mittel zum Zweck, das dem Menschen gegeben wurde, um seine latenten Fähigkeiten zu erkennen und nutzbar zu machen. Mit Meditation kann die Verbesserung der Lebensqualität beginnen.

Es wäre töricht, ja sogar verderblich, die Meditation nur herbeizuführen, um in diesem Zustand verweilen zu wollen. Die Meditation ist kein Fluchtort! Eine gegenteilige Ansicht würde der Meditation und ihrem Vorgang absolut widersprechen. Meditation als „Faulbett" zu benützen würde unweigerlich dazu führen, labile Naturen untüchtig zu machen, denn die Meditation ist kein Zustand, in den man sich zurückziehen kann, dies käme den unkontrollierten „bewußtseinserweiternden" Drogen gleich, die süchtig machen, den Eigenwillen gefährden und die Unabhängigkeit des Einzelnen in Frage stellen. Damit begänne unweigerlich auch die Vernachlässigung täglicher Aufgaben und Pflichten. Die Meditation aber soll bewirken, daß sie uns bei der Erfüllung der Lebensaufgaben hilft und nicht, um uns in einen lebensfremden Rauschzustand zu versetzen. Die Meditation darf daher nicht als Endzweck betrachtet, sondern nur als Mittel zum Zweck verstanden werden.

Wollen wir zu Frieden und Harmonie mit uns selbst gelangen, so sind das unsere Probleme, über die wir mehr Erleuchtung haben und mehr Wissen und Zusammenhänge erfahren wollen.

Nach dem Kontakt auf der psychischen Ebene wird uns vieles eingegeben, das für unser späteres Wirken von unschätzbarer Bedeutung sein wird. Bei der Betrachtung und Verwirklichung dieser auf uns zukommenden Gedanken und Empfindungen können wir viel lernen und erfahren, das uns helfen wird, ein glücklicher und friedfertiger Mensch zu werden. Wir dürfen nicht Zuflucht suchen wollen in einer anderen Sphäre, sondern nur Hilfe und Beistand, damit wir unsere Angst verlieren und unsere täglichen Pflichten besser und gerechter erledigen können.

Alle Gedanken und Empfindungen, die auf uns zukommen, müssen **erst** geprüft und dann in die Tat umgesetzt werden. Auch die Hinweise, die uns anfangs fremd oder gar unangenehm erscheinen, müssen wir prüfen. Nichts darf außer Acht gelassen werden, alles ist wichtig, auch geringfügige Kleinigkeiten.

Wir müssen lernen, uns auf unsere innere Stimme, auf die Stimme des Unterbewußtseins, zu verlassen, die besonders auch nach einer Meditationsperiode in verschiedener Art zu uns spricht. Das Unterbewußtsein weiß besser Bescheid über all das, was für uns gut und was weniger gut ist. Dadurch, daß es immer mit dem Kosmos verbunden ist, weiß es, was ist, was war und was sein wird. Daher muß der Meditierende alles prüfen, das ihm eingegeben wird und nach der Prüfung auch zur Tat schreiten. Meditation ohne folgende Taten ist ein Mißbrauch, eine Belastung des

Karmas. Der Stein der Weisen, wie die Alchemisten sagen, muß gefunden werden. Die Meditation kann zeigen, wo er eventuell liegt, doch danach bücken und ihn aufheben müssen wir selbst. Theorie und Praxis müssen miteinander verbunden werden, sonst ist alle Mühe vergeblich.

Verehrter, geneigter Leser! Wenn Sie mir bis hierher gefolgt sind, so beginnen Sie **jetzt** mit der Anwendung. Sollten Sie alles noch schwierig finden, so lassen Sie den Mut nicht sinken. Nehmen Sie sich Zeit und fangen Sie wirklich mit der Ausführung der Meditation an.

Wenn Sie wider Erwarten noch nicht zurechtkommen, so lesen Sie alle Anweisungen nochmals durch und denken Sie darüber nach. Sie verlieren dadurch keine Zeit. Im Gegenteil!

Sie müssen versuchen und probieren und immer wieder beginnen. Nicht aufhören wollen, sondern Geduld und Ausdauer aufbringen und immer wieder neu beginnen. Lassen Sie sich nicht durch innere und äußere Umstände entmutigen. Überwinden Sie die eigene Trägheit und spornen Sie Ihren Willen an. Zugegeben, es ist nicht leicht. Aber Sie dürfen nicht aufgeben, denn das Ziel ist erreichbar und lohnenswert.

Wenn Sie nicht müde werden, auf diesem Weg weiter zu schreiten, wird Ihr stetes Bemühen Ihnen reichen Segen bringen. Bedenken Sie, daß noch kein Meister vom Himmel gefallen ist und daß alles erarbeitet werden muß. Haben Sie Mut, Ausdauer und Geduld und schreiten Sie voran.

Das Zweite Buch:
Die ersten beiden Auflagen 1973 und 1976 begründen sich auf einen Vortrag, den er 1972 auf Schloss Elmau hielt. Im Jahr 1993 kam eine dritte Auflage heraus, die Inhaltlich sehr stark verändert wurde. Der komplette Text wurde neu geschrieben. Der Ablauf und das Wesen der Meditation wurden beibehalten. Die Graphik mit den verschiedenen Ebenen wurde weggelassen, stattdessen kam etwas Neues hinzu: Die zwei Kreise, die man um sich ziehen sollte.
Auf den folgenden Seiten habe ich die Passagen abgedruckt, die Inhaltliche Veränderungen erfuhren. Das umfasst einerseits Kleinigkeiten wie den Pharaonensitz und die Ernährungsempfehlungen in den Tagen vor der Meditation, andererseits geht es um die neue Anweisung mit den zwei Kreisen, der dazugehörigen Graphik und den Erläuterungen dazu.
Den Rest habe ich weggelassen, da er nur Inhalte des alten Skriptes anders formulierte.

Der eine Gedanke:
Zur Vorbereitung der Meditation ist es notwendig, daß aus vielen umherschwebenden Gedanken, die noch nicht geklärt oder gelöst werden konnten, einer ausgewählt wird. Es ist nicht möglich, für beliebig viele Gedanken eine Meditation vorzunehmen. Das geht nicht, was auch immer darüber gesagt wird.
Der eine Gedanke, über den mehr Erleuchtung erlangt werden soll, ist nun vom äußeren Selbst ausgewählt und in den Kreis eingelassen worden. Somit ist der Ring nach außen geschlossen, die äußere Welt abgewehrt. Dann kann der zweite Kreis geschlossen werden, der innerhalb des ersten, äußeren Kreises errichtet werden muß und der es ermöglicht, daß beide Selbst in der Stille zusammenfinden, um gemeinsam die Zwischenebene zu erreichen. Beide Selbst, nun vereint, erleben den Zustand der absoluten Stille. Sie streben gemeinsam dem Kosmischen Bewußtsein entgegen und erfahren auf diese Weise alles über den einen Gedanken, über den meditiert wird. Dieses Geschehen dauert nur wenige Sekunden. Das Kosmische Bewußtsein zieht sich wieder zurück, während das vereinigte innere und äußere Selbst noch auf der Zwischenebene verweilt.

Die Phase der Besinnung:
Nachdem sich das kosmische Bewußtsein zurückgezogen hat, was wir auf verschiedene Art und Weise empfinden können, gelangen wir in den Zustand, den wir als die Phase der Besinnung bezeichnen. Wir sind wieder etwas objektiver geworden und können jetzt

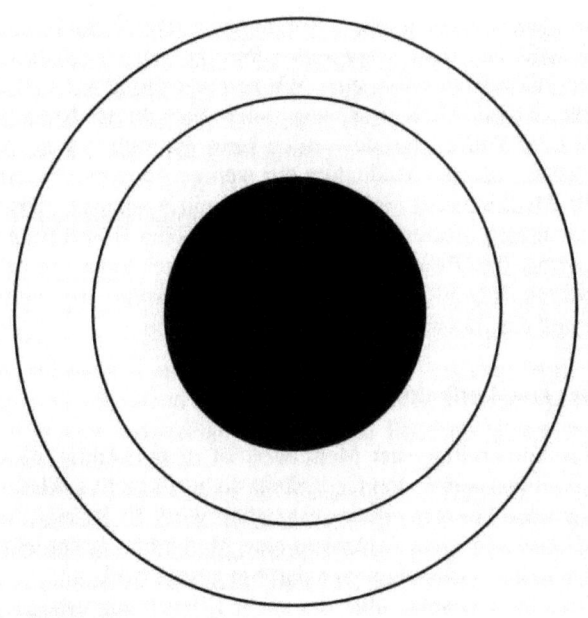

1. Stufe
Äußerer Kreis:
Ausschalten der äußeren Welt, Berg bilden, Wolken ziehen lassen

2. Stufe
Innerer Kreis:
Innere Welt, schon vorhandene Gedanken zur Ruhe bringen

3. Stufe
1. und 2. Stufe vereinigt, Große Stille

den inneren Kreis (siehe Abbildung) auf dem entgegengesetzten Wege, wie wir ihn geschlossen haben, auflösen. Damit lassen wir bereits in uns vorhandene Gedanken und Empfindungen wieder zu. Nach einer Weile können wir auch den äußeren Kreis wieder auflösen, indem wir auch hier entgegengesetzt dem Errichten des Kreises verfahren. Auf diese Weise können die Geräusche der Außenwelt unser Bewußtsein wieder erreichen. Während der Phase der Besinnung, wenn die Stille langsam zu Ende geht, kommen Gedanken und Eingebungen auf uns zu, die mit unserem Meditationsthema zu tun haben und die uns eventuell anzeigen, wie etwas getan werden kann oder wie es sein könnte. Durch die Einswerdung der beiden Selbst mit dem Kosmischen Bewußtsein fließen die aufgenommenen Ideen und Gedanken, die in das innere Selbst oder Bewußtsein Einzug hielten, jetzt in das äußere Selbst oder Bewußtsein des Meditierenden, damit dieser sie mit seinem objektiven Denken auch erkennt und sich merkt. Wenn die Phase der Besinnung zu Ende geht, müssen sofort umfangreiche Notizen gemacht werden über die wichtigsten Gedanken und Eingebungen, damit nichts Wesentliches vergessen wird.
[...]

Die erste Vorbereitung:
Die erste Vorbereitung zur Meditation ist daher die Konzentration auf eine besondere Frage, auf die keine Antwort gefunden werden konnte oder auf ein Problem, das noch der Lösung harrt. Bei dieser Vor-

bereitung muß unbedingt klargestellt werden, was der Grund der Meditation ist, ehe man dazu übergeht, weitere Vorbereitungen zu treffen. Klar und verständlich muß die Frage sein, kurz und prägnant das Thema, über das meditiert werden soll.

Die zweite Vorbereitung:
Ist man sich über das Thema oder die brennende Frage im Klaren, so sollte ein Termin bestimmt werden zur Durchführung der Meditation. Es ist unbedingt zu beachten, daß eine Meditation nicht so ohne weiteres vorgenommen werden kann, sondern terminlich festgelegt werden sollte. Hat man einen solchen Termin im Visier, kann man sich weiter vorbereiten. Eine Meditation ist ein besonderes Ereignis, das entsprechender Würdigung bedarf. So ist es von Vorteil, die Tage bis zum Meditationstermin für Entspannungsübungen zu nutzen. Auch mit der Nahrung sollte man jetzt wählerischer sein, indem man die Portionen und die Zusammenstellung des Essens ein wenig unter die Lupe nimmt, die tierische Nahrung etwas einschränkt, alkoholische Getränke auf ein Minimum reduziert oder ganz unterläßt. Aber auch Kaffee und Tee sollten nur in kleinen Mengen getrunken werden. Stattdessen sollte viel Obst gegessen, viel Säfte, Mineralwasser und dergleichen getrunken werden.
Dies ist keine Vorschrift, sondern eine dringende Empfehlung, nur ein Hinweis, um auch den Körper auf eine solche Meditation vorzubereiten.
[...]

Raumgestaltung:
[...]
Wie sitzt man richtig zur Meditation? Auf keinen Fall einen bequemen Sessel oder ein Sofa verwenden, sondern einen Stuhl, auf dem man in gerader Haltung sitzen kann. Der Pharaonensitz ist empfehlenswert: Gerade auf einem Stuhl sitzen und die Hände mit der Handfläche nach unten auf die Oberschenkel legen.
[...]

Die große Stille:
Dann bereite man sich auf die Stille vor. Der Atem geht normal, so wie man immer atmet. Nach etwa 5-7 Atemzügen konzentriere man sich auf seinen Körper mit der gleichzeitigen Bitte, diesen zu kräftigen und vor der Außenwelt abzuschirmen.
[Anmerkung des Herausgebers: die folgende Übung ähnelt sehr stark dem modernen „bodyscan", der sich im Rahmen moderner Achtsamkeitsmeditation wie dem MBSR verbreitet hat. Diese Übung ist aber bei Amorc traditionell als die „Übung Nr. 3" bekannt. Sie dient dort der Vorbereitung für die Abstimmung des Praktizierenden mit dem Kosmischen Bewußtsein. Ich kenne sie dort seit den 80ern, aber vermutlich ist sie seit 1915 Bestandteil der Amorc-Lehren]
Man beginne mit den Füßen und verwende seine Gedanken nur auf die Füße. Danach gehe man auf die Waden und Schienbeine über, zu den Knien und den Oberschenkeln. Alles geschieht bei gleichzeitiger ruhiger Atmung. Die Konzentration erfolgt dann auf das Becken, die Sitzgelegenheit und den unteren Leib.

Von da aus weitergehend über den Oberbauch, den Rumpf mit allen Knochen, Muskeln und Organen, gehe weiter zum Hals, zu den Händen, Unterarmen, Ellenbogen und Oberarmen, dem Nacken und dem Kopf. Man spürt, daß der gesamte Körper sich erwärmt und eine große Ruhe sich einstellt. Jetzt geht man zu der Vorstellung über, einen imaginären Kreis um sich zu bilden. Wenn man in Gedanken die Arme ausstreckt, vom linken Zeigefinger zum rechten hin einen Bogen schlägt und von dort hinter dem Rücken einen weiteren Bogen zum Zeigefinger der linken Hand imaginär schlägt, hat man einen solchen Kreis um sich gezogen.

Dies erfolgt mit dem Gedanken, sich von den Einflüssen der Außenwelt abzuschirmen. Man kann noch einen Schritt weiter gehen und sich nach dem Schließen des äußeren Kreises vorstellen, daß man sich in einem hohen, steilen Berg befindet, an dem die Geräusche der äußeren Welt wie Wolken vorbeiziehen. Nichts kann uns dann stören. So wird der äußere Kreis wirksam. Eine wohlige Ruhe umgibt uns. Das äußere Bewußtsein hält sich an diese Anordnung. Jetzt kommt es darauf an, den zweiten Kreis um uns zu bilden, damit auch das innere Bewußtsein zur Ruhe kommt, damit die beiden Bewußtseinsphasen zur gemeinsamen Stille kommen, um das große Schweigen einzuleiten.

So schlagen wir jetzt einen imaginären zweiten Kreis innerhalb des Äußeren. Man gehe vom linken Ellenbogen aus und schlage den Bogen zum rechten Ellenbogen und von dort hinter dem Rücken zum linken Ellenbogen, so daß der zweite Kreis entsteht. Jetzt dürfen keinerlei Gedanken sich mehr vordrängen, es muß alles ruhig werden. Am besten, man denke nur noch an den eigenen Atem und verfolgt diesen, wie man – ganz normal – einatmet und wieder ausatmet und dies ein paarmal wiederholt. Nach etwa sechs- oder siebenmal Einatmen wird man zusehends ruhiger, läßt auch den Gedanken an die Atmung wegfallen und denkt nur noch Ruhe, Ruhe, Ruhe innen und außen.

Der Kontakt zwischen vereinigtem Bewußtsein und Kosmischem Bewußtsein vollzieht sich jetzt in der Phase des großen Schweigens, der fast vollkommenen Ruhe. Wir schlafen nicht, sondern sind nur hingegeben an unseren Schöpfer und befinden uns in Ruhe. Nach wenigen Sekunden löst sich der Strom des Kosmischen Bewußtseins wieder von unserem vereinigten Bewußtsein, nachdem ein Austausch aller Erfahrungen über unser Meditationsthema stattgefunden hat. Daß der Kontakt gelöst ist erfahren wir eventuell durch eine kühle Brise, als einen eisigen Affekt über den Rücken. Es kann aber auch wie ein frisches Prickeln sein, das den Körper durchzieht. Es kann aber auch ein warmer Hauch sein, der uns umgibt, ein angenehmes Wärmegefühl. Diese Wahrnehmungen sind allesamt angenehm, sie erschrecken uns nicht. Der Kontakt mit dem Kosmischen Bewußtsein hinterläßt keinen unangenehmen Nachgeschmack.

Haben wir diese Brise, diesen Hauch verspürt, wissen wir, daß der Kontakt vorbei ist. Wir können aber noch ein wenig in dieser Haltung verweilen, was uns sicher gut tut. Langsam versuchen wir dann, den inneren

Kreis wieder aufzulösen in der entgegengesetzten Reihenfolge: vom linken Ellenbogen hinter dem Rücken entlang den Bogen zurücknehmen zum rechten Ellenbogen hin und von dort vor uns zum linken Ellenbogen hin, zum Ausgangspunkt zurück. Dadurch werden die bis da im Ruhezustand gehaltenen Gedanken und Empfindungen, die wir vor Bildung des äußeren Kreises, des Berges, schon hatten, wieder aktiv und stellen sich ein.

Jetzt können wir auch den äußeren Kreis wieder lösen, können den Berg verschwinden lassen, der uns vor den Einflüssen der äußeren, materiellen Welt abschirmte. Die Geräusche der Außenwelt begegnen uns wieder und zusammen mit diesen besondere Gedanken und Empfindungen, die wir uns merken, besser noch notieren sollten. Notizpapier und Schreibgeräte hatten wir ja vor Beginn der Meditation bereitgelegt.

Von Wilhelm Raab ist ebenfalls erschienen:

„Wilhelm Raab, Großmeister der Rosenkreuzer: Eine Biografie"

Wilhelm Raab war langjähriger Großmeister und Leiter der deutschen Großloge des Ordens vom Rosenkreuz, Amorc in Baden-Baden. Dieses Buch enthält seine Erinnerungen und schildert den Aufbau und die seltsame Entwicklung des Amorc in Deutschland von den 60er Jahren bis zur Jahrtausendwende. Thema sind nicht nur die schönen Momente wie die Seminare auf Schloss Elmau und die Aufbruchstimmung, sondern auch Intrigen und Macht. Dazu gehört auch die Rolle von Wilhelm Raab beim Sturz des Rosenkreuzer-Imperators Gary L. Stewart. Themen sind auch die seltsamen Verstrickungen und Probleme mit den Freimaurern und deren historischen Kongress in Wilhelmsbad, seine heimliche Initiation in die höheren Weihen des „Golden Dawn" und die diskrete Gründung eines Ordens innerhalb des Ordens. Kenner des Themas werden hier das eine oder andere finden, was man so vielleicht so nicht erwartet hätte. Dieses Buch ist für Freunde der Themen Rosenkreuzer, Mystik, Magie und Logen ein Muss!

Herausgeber: Michael Raab
Books on demand   208 Seiten
TB € 12,-   e-book € 2,49
978-3734745898